Russian Series

— 3 —

Л. Н. Толстой и П. В. Веригин
Переписка

Издание подготовила
Л. Д. Громова-Опульская
Институт мировой литературы РАН

Ответственный редактор:
А. А. Донсков
Оттавский университет (Канада)

Английский перевод:
Дж. Вудсворт
Оттавский университет (Канада)

Leo Tolstoy - Peter Verigin
Correspondence

Prepared and with an introduction by
Lidia Gromova-Opul'skaya

Editor
Andrew Donskov

Translated from the Russian by
John Woodsworth

LEGAS

New York   Ottawa   Toronto

Русское издание
подготовленное и со вступлением написанным
Л. Д. Громовой-Опульской
(Институт мировой литературы РАН)

Ответственный редактор: А. А. Донсков
Издательство «Дмитрий Буланин»
Санкт-Петербург, 1995 г.

Двуязычное издание
Legas (Оттава, Канада) 1995 г.

© 1995 LEGAS
No part of this book may be reproduced in any form, by print, photoprint, microfilm, microphiche, or any other means, without written permission from the publisher.

Original Russian edition (Editor: Andrew Donskov)
prepared and with an introduction by Lidia Gromova-Opul'skaya
(World Literature Institute, Russian Academy of Sciences)
Published by Dmitrij Bulanin Publishing House, St Petersburg, 1995

Canadian Cataloguing in Publication Data

Tolstoy, Leo, 1828-1910
 Tolstoy–Verigin: Correspondence =
 Tolstoi - Verigin : perepiska

(Russian Series ; 3)
Original Russian text with English translation on opposite pages.
Includes bibliographical references.
ISBN 0-921252-46-3

1. Tolstoy, Leo, 1828-1910 - - Correspondence.
2. Verigin, Peter, 1859-1924 - - Correspondence.
3. Authors, Russian - - 19th century -- Correspondence.
4. Dukhobors -- Russia -- Correspondence. 5. Dukhobors -- Canada - - Correspondence. I. Verigin, Peter, 1859-1924. II. Donskov, Andrew, 1939- III. Title. IV. Title: Tolstoi - Verigin. V. Series: Russian series (Legas); 3.

PG3379.V47 1995   891.73'3   C95-900551-X

For further information and for orders:

LEGAS

P. O. Box 040328	68 Kamloops Ave.	2908 Dufferin St.
Brooklyn, New York	Ottawa, Ontario	Toronto, Ontario
USA 11204	K1N 8T9	M6B 3S8

Printed and bound in Canada

Содержание

От редактора (Предисловие к двуязычному изданию). *А. А. Донсков.*	vii
Замечания переводчика (на английский). *Дж. Вудсворт.*	x
Диалог учителей жизни. *Л. Д. Громова-Опульская.*	1

ПИСЬМА

1. Л. Н. Толстой — П. В. Веригину. 21 ноября 1895 г.	10
2. П. В. Веригин — Л. Н. Толстому. 1 августа 1896 г.	13
П. В. Веригин. Выписка из дневника	19
3. Л. Н. Толстой — П. В. Веригину. 14 октября 1896 г.	22
4. П. В. Веригин — Л. Н. Толстому. 2 сентября 1897 г.	27
5. Л. Н. Толстой — П. В. Веригину. 24 июня 1898 г.	29
6. П. В. Веригин — Л. Н. Толстому. 16 августа 1898 г.	30
П. В. Веригин. Фантазия	34
7. Л. Н. Толстой — П. В. Веригину. 1 ноября 1898 г.	38
8. Л. Н. Толстой — П. В. Веригину. Около 20 ноября 1898 г.	40
9. П. В. Веригин — Л. Н. Толстому. 1 февраля 1899 г.	42
10. Л. Н. Толстой — П. В. Веригину. 20 января 1901 г.	46
11. Л. Н. Толстой — П. В. Веригину. 17 января 1902 г.	48
12. П. В. Веригин — Л. Н. Толстому. 15 ноября 1902 г.	50
13. П. В. Веригин — Л. Н. Толстому. 12 января 1903 г.	52
14. Л. Н. Толстой — П. В. Веригину. 9-13 ? февраля 1903 г.	55
15. Л. Н. Толстой — П. В. Веригину. 24 октября/ 6 ноября 1903 г.	57

Table of Contents

Editor's Preface to the bilingual edition
Andrew Donskov — vii

Translator's Note
John Woodsworth — x

Two teachers of life: a dialogue
Lidia Gromova-Opul'skaya — 1

LETTERS

1. L. N. Tolstoy to P. V. Verigin, 21 November 1895 — 10
2. P. V. Verigin to L. N. Tolstoy, 1 August 1896 — 13
   P. V. Verigin: Diary excerpt — 19
3. L. N. Tolstoy to P. V. Verigin, 14 October 1896 — 22
4. P. V. Verigin to L. N. Tolstoy, 2 September 1897 — 27
5. L. N. Tolstoy to P. V. Verigin, 24 June 1898 — 29
6. P. V. Verigin to L. N. Tolstoy, 16 August 1898 — 30
   P. V. Verigin: 'A Fantasy' — 34
7. L. N. Tolstoy to P. V. Verigin, 1 November 1898 — 38
8. L. N. Tolstoy to P. V. Verigin, 20 November 1898 (approx.) — 40
9. P. V. Verigin to L. N. Tolstoy, 1 February 1899 — 42
10. L. N. Tolstoy to P. V. Verigin, 20 January 1901 — 46
11. L. N. Tolstoy to P. V. Verigin, 17 January 1902 — 48
12. P. V. Verigin to L. N. Tolstoy, 15 November 1902 — 50
13. P. V. Verigin to L. N. Tolstoy, 12 January 1903 — 52
14. L. N. Tolstoy to P. V. Verigin, 9–13 ? February 1903 — 55
15. L. N. Tolstoy to P. V. Verigin, 24 October/ 6 November 1903 — 57

16. П. В. Веригин — Л. Н. Толстому. 1 декабря 1903 г.	58
17. Л. Н. Толстой — П. В. Веригину. 2 января 1904 г.	61
18. П. В. Веригин — Л. Н. Толстому. 20 февраля 1904 г.	62
19. Л. Н. Толстой — П. В. Веригину. 3/15 марта 1904 г.	67
20. П. В. Веригин — Л. Н. Толстому. 12 апреля 1904 г.	69
21. П. В. Веригин — Л. Н. Толстому. 1 апреля 1905 г.	71
22. Л. Н. Толстой — П. В. Веригину. 28 мая 1905 г.	74
23. П. В. Веригин — Л. Н. Толстому. 3 июля 1905 г.	75
24. П. В. Веригин — Л. Н. Толстому. 24 ноября 1906 г.	78
25. Л. Н. Толстой — П. В. Веригину. 30 ноября 1906 г.	79
26. П. В. Веригин — Л. Н. Толстому. 10 декабря 1906 г.	80
27. П. В. Веригин — Л. Н. Толстому. 12 января 1907 г.	81
28. П. В. Веригин — Л. Н. Толстому. 9 марта 1907 г.	82
29. Л. Н. Толстой — П. В. Веригину. 10 августа 1907 г.	84
30. П. В. Веригин — Л. Н. Толстому. 15 сентября 1907 г.	85
31. П. В. Веригин — Л. Н. Толстому. 13 июня 1908 г.	86
32. П. В. Веригин — Л. Н. Толстому. 2 февраля 1909 г.	87
33. Л. Н. Толстой — П. В. Веригину. 18 марта 1909 г.	89
34. П. В. Веригин — Л. Н. Толстому. 3 мая 1909 г.	90
35. П. В. Веригин — Л. Н. Толстому. 26 сентября 1909 г.	92
Письмо ко Христовой общине Всемирного Братства от Петра Веригина, 24 сентября 1909 г.	94
36. Л. Н. Толстой — П. В. Веригину. 4 октября 1909 г.	97
37. П. В. Веригин — Л. Н. Толстому. 4 февраля 1910 г.	98
38. П. В. Веригин — Л. Н. Толстому. 15-17 мая 1910 г.	99

16. P. V. Verigin to L. N. Tolstoy, 1 December 1903	58
17. L. N. Tolstoy to P. V. Verigin, 2 January 1904	61
18. P. V. Verigin to L. N. Tolstoy, 20 February 1904	62
19. L. N. Tolstoy to P. V. Verigin, 3/15 March 1904	67
20. P. V. Verigin to L. N. Tolstoy, 12 April 1904	69
21. P. V. Verigin to L. N. Tolstoy, 1 April 1905	71
22. L. N. Tolstoy to P. V. Verigin, 28 May 1905	74
23. P. V. Verigin to L. N. Tolstoy, 3 July 1905	75
24. P. V. Verigin to L. N. Tolstoy, 24 November 1906	78
25. L. N. Tolstoy to P. V. Verigin, 30 November 1906	79
26. P. V. Verigin to L. N. Tolstoy, 10 December 1906	80
27. P. V. Verigin to L. N. Tolstoy, 12 January 1907	81
28. P. V. Verigin to L. N. Tolstoy, 9 March 1907	82
29. L. N. Tolstoy to P. V. Verigin, 10 August 1907	84
30. P. V. Verigin to L. N. Tolstoy, 15 September 1907	85
31. P. V. Verigin to L. N. Tolstoy, 13 June 1908	86
32. P. V. Verigin to L. N. Tolstoy, 2 February 1909	87
33. L. N. Tolstoy to P. V. Verigin, 18 March 1909	89
34. P. V. Verigin to L. N. Tolstoy, 3 May 1909	90
35. P. V. Verigin to L. N. Tolstoy, 26 September 1909	92
Letter to the Christian Community of Universal Brotherhood from Peter Verigin, 24 September 1909	94
36. L. N. Tolstoy to P. V. Verigin, 4 October 1909	97
37. P. V. Verigin to L. N. Tolstoy, 4 February 1910	98
38. P. V. Verigin to L. N. Tolstoy, 15–17 May 1910	99

Список иллюстраций

Л. Н. Толстой, Тула (близ Ясной Поляны), 1908 г.	8
П. В. Веригин, Бриллиант (Б. Колумбия), 1922 г.	8
1-я стр. письма Веригина к Толстому от 1.VIII.1896 г.	21
1-я стр. Выписки из дневника П. В. Веригина (1896 г.)	21
1-я стр. письма Веригина к Е. И. Попову от 17.VIII.1896 г.	26
1-я стр. письма Толстого к Веригину от 14.X.1896 г.	26
1-я стр. письма Веригина к Толстому от 2.IX.1897 г.	28
Конверт письма Веригина от 2.X.1897 г.	28
1-я стр. рассказа П. В. Веригина «Фантазия»	39
Отрывок из «Воскресения» Л. Н. Толстого с правкой автора	39
Толстой и крестьянские дети в Ясной Поляне	47
Л. Н. Толстой: «На пашне» (рис. И. Е. Репина)	47
1-я стр. письма Веригина к Толстому от 1.II.1899 г.	49
Письмо, подписанное «Человек»	49
Плакат, отмечающий 100-юю годовщину сжигания огнестрельного оружия (1895) и переселения в Канаду (1899)	51
Друзья духоборов, помогавшие им эмигрировать в Канаду	51
Члены Духоборческой общины строят железную дорогу	51
П. В. Веригин у В. Г. Черткова в Англии на пути в Канаду	54
Хлебопашество с паровиком в Саскачеване, 1905 г.	54
Л. Н. Толстой в домашнем кабинете, 1909 г.	56
Памятник Л. Н. Толстому в Кастлгаре (Б. Колумбия)	56
1-я и посл. стр. письма Веригина к Толстому, 1.XII.1903 г.	60
Из 1-й стр. составл. П. В. Веригиным «Росписи Расходу и Приходу за 1903 г. Духоборческой общины в Канаде»	68
Конверт письма Веригина от 20.II.1904 г.	68
Посл. стр. письма от 12.IV.1904 г. с подписью Веригина	70
Конверт письма Веригина от 12.IV.1904 г.	70
Из 1-й и посл. стр. единственного известного машинописного письма Веригина Толстому (3.VII.1905 г.)	77
Письмо Веригина к Толстому от 10.XII.1906 г.	80
1-я стр. письма Веригина к Толстому от 3.V.1909 г.	91
Конверт письма Веригина от 3.V.1909 г.	91
Первая и последняя страницы письма П. В. Веригина к духоборческой общине от 24.X.1909 г.	96
Из 1-й стр. посл. письма Веригина к Толстому, 15.V.1910 г.	101
Конверт письма Веригина от 15.V.1910 г.	101

List of illustrations

L.N. Tolstoy at Tula (near Yasnaya Polyana), 1908	8
P.V. Verigin at Brilliant (British Columbia), 1922	8
First page of Verigin's letter to Tolstoy, 1.VIII.1896	21
First page of Peter Verigin's Diary Excerpt (1896)	21
First page of Verigin's letter to Evgenij Popov, 17.VIII.1896	26
First page of Tolstoy's letter to Verigin, 14.X.1896	26
First page of Verigin's letter to Tolstoy 2.IX.1897	28
Envelope for letter of 2.X.1897 addressed to Tolstoy in Moscow	28
First page of Verigin's story 'A Fantasy' sent to Tolstoy	39
Excerpt from Tolstoy's *Resurrection* with author's corrections	39
Tolstoy and peasant children at Yasnaya Polyana	47
L.N. Tolstoy: 'Ploughing' (from a painting by Il'ya Repin)	47
First page of Verigin's letter to Tolstoy 1.II.1899	49
Letter signed *Chelovek* ['A Person']	49
Poster commemorating the 100th anniversary of the Burning of Arms (1895) and emigration to Canada (1899)	51
Friends of the Doukhobors who helped them emigrate	51
Members of the Doukhobor community building the CPR	51
Verigin visiting Chertkov in England, en route to Canada	54
Machine ploughing in Saskatchewan, 1905	54
Tolstoy in his Yasnaya Polyana study, 1909	56
Monument to Tolstoy in Castlegar (B.C.)	56
First & last pages of Verigin's letter to Tolstoy of 1.XII.1903	60
From the first page of Verigin's 'Statement of Expenses and Income for 1903 of the Doukhobor community in Canada'	68
Envelope for Verigin's letter of 20.II.1904	68
Last page of letter of 12.IV.1904 with Verigin's signature	70
Envelope for Verigin's letter of 12.IV.1904	70
From the first and last pages of the only known typewritten letter from Verigin to Tolstoy (3.VII.1905)	77
Verigin's letter to Tolstoy of 10.XII.1906	80
First page of Verigin's letter to Tolstoy, 3.V.1909	91
Envelope for Verigin's letter of 3.V.1909	91
First and last pages of Verigin's letter to the Doukhobor community of 24.X.1909	96
First page of Verigin's last letter to Tolstoy, 15.V.1910	101
Envelope for Verigin's letter of 15.V.1910	101

ОТ РЕДАКТОРА
(Предисловие к двуязычному изданию)

История духоборов — это история преследований, ссылок, страданий и изгнания, но также и история замечательной стойкости духа людей, чьи идеалы основывались на принципах мира и ненасилия. С момента своего возникновения (приблизительно в середине 18-го века) духоборы страдали от притеснений имперских властей. В начале прошлого века их насильно переселили в Молочные Воды в Крыму. Там в течение сорока лет они вели спокойную жизнь. Однако, в период между 1841 и 1845 гг. около четырех тысяч духоборов было сослано на Кавказ за отказ подчиниться требованиям Русской Православной Церкви и упорное желание следовать собственным религиозным и социальным убеждениям. Непривычный климат вынудил духоборов резко перейти от хлебопашества к животноводству; кроме того, они подвергались опасности частых нападений со стороны своих новых соседей. Однако, вопреки всем испытаниям, в течение последующих 50-ти лет число духоборов возросло до 60 000. Сегодня одна половина их потомков живет на западе Канады, рассеянные же группы встречаются в России, и около 500 семей находится в Соединенных Штатах Америки.

Под влиянием своих признанных лидеров, таких как Петр Васильевич Веригин (который, воссоединившись с дукоборами в Канаде в 1902 г., проживал там вплоть до своей смерти в 1924 г.), духоборы воздерживались от курения, алкогольных напитков, а также от мясной пищи. Когда в 1887 г. на Кавказе была введена воинская повинность, они в силу своих миролюбивых принципов отказались принести присягу на верность царю Алерксандру III. Напряжение достигло своей кульминации в 1895 г., что вылилось в массовые демонстрации и сжигание огнестрельного оружия в трех различных районах Кавказа. Все это, как и следовало ожидать, вызвало ожесточение надзора, телесные наказания, заключение в тюрьму. В истории духоборов последние годы 19-го столетия оказались свидетелями наиболее суровых гонений, продолжавшихся вплоть до их эмиграции в Канаду в 1899 г.

Бедственное положение духоборов привлекло исключительное внимание Льва Николаевича Толстого, который в это время был уже признанным писателем и мыслителем. Он неоднократно выступал в поддержку их интересов даже после их эмиграции. Впервые Л. Н. Толстой узнал о секте в критический период своей жизни: это был момент острого эмоционального и духовного кризиса, начавшегося после окончания «Анны Карениной» в 1877 г. Впоследствии воздействие идей духоборов на его мировоззрение

EDITOR'S PREFACE
(to the bilingual edition)

The story of the Doukhobors is the story of the persecution, exile, suffering and banishment — and the remarkable resilience of the human spirit — of a people whose ideals were based on pacifist beliefs. From their origins (considered to be around the middle of the 18th century) they suffered at the hands of the Imperial authorities. Around the beginning of the last century they were forcibly re-settled in Molochnye Vody in the Crimea, where they led a peaceful existence for forty years. But between 1841 and 1845 some four thousand Doukhobors were exiled to the Caucasus for refusing to conform to the strictures of the Russian Orthodox Church and professing their own religious and social views. The resulting harsh change in their climatic surroundings required them to shift from grain-farming to cattle-raising; in addition, they were exposed to frequent attacks on the part of their new neighbours. Despite all their trials, however, over the next fifty years the Doukhobor population increased to some 60,000. About half of their descendants today live in western Canada, with scattered groupings in Russia and some 500 families in the United States.

Under the influence of strong leaders like Peter (Petr Vasil'evich) Verigin, who joined the Doukhobors in Canada in 1902 and lived there until his death in 1924, the Doukhobors abstained from tobacco and alcoholic drinks, as well as from the eating of meat. Their pacifist principles compelled them to refuse to swear the required oath of allegiance to Tsar Alexander III when military service was introduced in the Caucasus in 1887. In 1895 the tension culminated in a mass demonstration and burning of firearms in three separate districts of the Caucasus. These actions, predictably, resulted in further surveillance, beatings and incarceration. Indeed, the closing years of the nineteenth century witnessed the most severe persecution in their history, lasting right up until their emigration to Canada in 1899.

The plight of the Doukhobors aroused an exceptional interest on the part of Leo (Lev Nikolaevich) Tolstoy, by this time an established writer and thinker, who even after their emigration was moved to make frequent interventions on their behalf. He first learnt of the sect during a momentous period of his life: an intense emotional and spiritual crisis which had begun after his completion of *Anna Karenina* in 1877. The subsequent impact of the Doukhobors' ideas on his thought at this time is evident in his writings (especially his treatises) of the 1880s and 1890s, where he advocated principles such as unity of peoples, the kingdom of God within, the

ясно проявляется в его работах (особенно в трактатах) 1880-х, 1890-х гг., где он выступает поборником таких принципов как единство людей, Царство Божие внутри человека, преимущества простой крестьянской жизни, основанной на физическом труде и совместном владении, вдали от тлетворного городского влияния. Подобно членам секты, он также отрицал ряд догматов официального Православия, как, например, божественную природу Христа.

Наиболее знаменательно то, что он разделял с духоборами абсолютное отрицание насилия и сопротивления злу насилием. Он не только принимал меры к финансовой поддержке духоборов, чтобы помочь им эмигрировать в Канаду, но, что еще важнее, он сохранил интерес к ним до самой своей смерти в 1910 г. Многие из его дневниковых записей, его писем к властям, толстовцам и самим духоборам свидетельствуют о его заботе об их Братстве. Неудивительно, что до наших дней он пользуется особым почтением у сегодняшних потомков духоборов, которые продолжают называть его «дедушка Толстой». Их глубокое благоговение перед писателем ярко выразилось в том радушии, с которым они приняли две бронзовые статуи Л. Н. Толстого, подарки от российского общества «Родина» духоборам поселков Веригина (в Саскачеване) и Кастлгара (в Брит. Колумбии) в связи с празднованием стопятидесятилетия со дня рождения Л. Н. Толстого в 1978 г. Это тем более значительно ввиду их устойчивого отвращения к какого бы то ни было рода статуям и другим материальным символам.

Ясно, что этим взаимным чувством любви и уважения пронизана вся 15-тилетняя переписка между Л. Н. Толстым и духовным лидером духоборов П. В. Веригиным.

Как отметила во вступлении д-р Лидия Дмитриевна Громова-Опульская, столь тщательно подготовившая эти письма для данной публикации, переписка представляет собой подлинный диалог между двумя великими учителями жизни. Особенно интересны письма, которые касаются духовной жизни личности. Письма Л. Н. Толстого к П. В. Веригину, издававшиеся (по-русски) в Полном собрании сочинений писателя (Юбилейное издание, 1955 г.), теперь, будучи дополнены письмами П. В. Веригина, обретают еще больший смысл, так как одно писалось в ответ на другое.

Более того, насколько мне известно, эти письма Л. Н. Толстого впервые напечатаны по-английски; ни одно из них не включено в монументальный двухтомный перевод его писем, сделанный Р. Кристианом (1977). Письма же П. В. Веригина, за исключением отрывка из одного из них, как в русском оригинале, так и в переводе публикуются здесь впервые.

Я думаю, что это имеющее важное историческое значение двуязычное издание послужит нескольким целям. В первую очередь, публикация этих писем по-русски даст русскоязычным читателям, как духоборам, так и всем другим, возможность впервые изучить в оригинале и в полном объеме переписку между этими

advantages of a simple peasant life based on manual labour and mutual sharing, away from the evils of urban corruption. Like the sect members, he also rejected official church orthodoxy on questions such as the divinity of Christ.

Most importantly, he shared with the Doukhobors an absolute rejection of violence and violent resistance to evil. Not only did he provide financial assistance to help the Doukhobors emigrate to Canada, but he also maintained a keen interest in them right up until his death in 1910. Many of his diary entries, his letters to the authorities, to the Tolstoyans, as well as to the Doukhobors themselves testify to his concern for their Brotherhood. Small wonder that to this day he is held in such special reverence by the Doukhobors' present-day descendants, who still refer to him as *dedushka* [Grandpa] *Tolstoj*. Their deep veneration of the writer is further evident in their welcoming in their midst of two bronze statues of Tolstoy, a gift from the *Rodina* [Fatherland] Society in Russia to the Doukhobors of Verigin (Saskatchewan) and Castlegar (British Columbia), erected to co-incide with the celebration of the sesquicentenary of Tolstoy's birth in 1978. This is all the more significant in view of the Doukhobors' long-held aversion to statues and material symbols of any sort.

This sense of love and respect, which was mutual, may be seen to permeate the whole fifteen-year correspondence between Tolstoy and the Doukhobors' spiritual leader Peter Verigin.

As pointed out in the introduction by Dr Lidia Gromova-Opul'skaya, who so meticulously prepared the letters for this publication, the correspondence truly represents a dialogue between two great teachers of life, especially those letters touching on the spiritual life of the individual. Tolstoy's letters to Verigin, which appeared (in Russian) in the Jubilee Edition of his *Complete Collected Works* (*Polnoe sobranie sochinenij, Jubilejnoe izdanie*, 1955), now become much more meaningful when complemented by Verigin's letters to him, as each was written in direct response to the other.

Moreover, this is the first time, to my knowledge, that these particular letters of Tolstoy's have ever appeared in English; none of them are included in Reginald Christian's monumental two-volume English translation of his letters (1977). Verigin's letters, on the other hand, with the exception of an excerpt from one of them, are here being published for the first time in the original Russian, as well as in translation.

I believe this historically notable bilingual edition will serve several important functions. First, the publication of this correspondence in Russian will give Russian-speaking readers — in the Doukhobor community and elsewhere — the opportunity to study the complete correspondence between these two great leaders in the original for the first time, and thus appreciate the significant impact of each teacher's ideas on the other that arose out of their growing

двумя замечательными властителями дум и таким образом оценить их взаимное влияние, основанное на постоянно возраставшей духовной близости. Благодаря английскому переводу, тщательно выполненному Джоном Вудсвортом, такую же возможность получат нерусские читатели — здесь я прежде всего имею в виду нынешних и будущих потомков духоборов, которые в результате неизбежной ассимиляции не смогли полностью сохранить язык своих предков, а также всех англоязычных канадцев, желающих ознакомиться с этим достойным внимания вкладом в историю своей страны.

Публикация этой переписки очень своевременна, так как канадские духоборы в этом году готовятся к празднованию столетия сжигания оружия, а через несколько лет — столетия своего прибытия в Канаду. На основе этой публикации можно не только внести некоторые коррективы в существующие исследования, но также дать возможность исследователям темы «Л. Н. Толстой и духоборы» — историкам, литературоведам, социологам и политологам, а также духоборам мирянам — в будущем опираться на более полную документацию.

Мы бы хотели выразить нашу благодарность д-ру Вере Александровне Адамантовой и г-ну Кузьме Ивановичу Тарасову за их ценные замечания, а также нашим аспирантам Аркадию Александровичу Ключанскому, Даниелю Руа и Любови Виталиевной Рыбкиной за их помощь в подготовке рукописи. Кроме того, мы благодарим К. И. Тарасова за предоставление нам нескольких интересных снимков, воспроизведенных в этой книге.

Июль 1995 г.
                                              Андрей Александрович Донсков
                                                                 Оттавский университет
                                                                             Канада

bond of spiritual friendship. Such an appreciation will also be afforded non-Russian readers by the accompanying English translation carefully executed by John Woodsworth — I am thinking here especially of present and future Doukhobor descendants who have been prevented by the inevitable assimilating influences of their environment from fully keeping up with the language of their forebears, as well as all English-speaking Canadians who wish to become acquainted with a noteworthy contribution to the history of this country.

As the Canadian Doukhobors prepare to celebrate this year the centenary of the Burning of Arms, as well as the centenary (a few years hence) of their arrival in Canada, the publication of this particular correspondence is most timely. In addition to providing certain correctives for existing studies, it will also mean that future studies on the subject of Tolstoy and the Doukhobors — by historians, literary critics, sociologists and political scientists, as well as by the Doukhobor laity — will be able to rest on a more complete documentation.

We should like to express our thanks to Dr Vera Adamantova and Mr Koozma Tarasoff for their counsel, as well as to our graduate students Arkadi Klioutchanski, Daniel Roy and Liuba Rybkina for their assistance in preparing the manuscript. We are further indebted to Koozma Tarasoff for his generous provision of a number of the photographs reproduced in this book.

July 1995

Andrew Donskov
University of Ottawa
Canada

ЗАМЕЧАНИЯ ПЕРЕВОДЧИКА
(на английский)

По сравнению с другими задачами, с которыми я сталкивался как переводчик, следует признать, что ни толстовский, ни веригинский русские тексты не представили каких-либо особых трудностей, сложнее встречающихся при переводе любого текста, превышающего в художественном отношении стандартный деловой стиль или сухие технические описания. Я далек здесь от преувлечения мнения о самом себе как о переводчике — напротив, я отдаю себе отчет в том, что эта легкость передачи, особенно в таком исключительном случае, как разговор этих двух выдающихся мыслителей, способных многое сказать друг другу, обусловена их собственной гениальностью в выражении общечеловеческих ценностей, которое выходит за традиционные рамки речи и может быть ясно понято и передано на любом известном людям языке.

Отметив это, интересно выяснить особенности в различии как языкового стиля, так и способа выражения мировоззрения этих двух корреспондентов и в какой степени, по крайней мере в случае П. В. Веригина, менялись мировоззрение и, соответственно, языковой стиль на протяжении 15-тилетнего письменного диалога.

В своей корреспонденции Л. Н. Толстой обращается к своему адресату в восхитительно разговорном, очень теплом тоне, как если бы он просто вел интимную беседу у камина с близким другом или родственником. Это становится очевидно с самого первого письма к П. В. Веригину, в тот момент — незнакомцу, о котором писатель только слышал от общих знакомых. Это очевидно и в его последнем письме к П. В. Веригину в Канаду примерно 14 лет спустя — полном одобрения, поддержки, указаний и наставлений.

П. В. Веригин, наоборот, был крестьянином, который поднялся выше большинства равных себе в плане образования и языка. Кроме того, он сумел разработать собственные взгляды на жизнь и на роль грамотности в ней и полностью убедить себя в их правильности, смело аргументируя в их пользу; стиль его писем был столь же напорист, сколь у Л. Н. Толстого был мягок. С течением времени можно проследить, как постепенно становились тоньше характер и способ выражения П. В. Веригина, уступая все больше под воздействием мягкости его учителя — мягкости, которая оказалась по-своему столь могущественной. В определенной мере это, бесспорно, происходило в результате его собственного духовного перерождения, о котором он сам говорил, признавая, что он действительно становился «добрее сердцем» (см. Письмо №32 от 2 февр. 1905 г.).

Наблюдение за эволюцией этого характера и способа выражения на фоне столь глубоких взаимоотношений сделало данный перевод одним из наиболее захватывающих из тех, с которыми мне приходилось работать. Желая передать дух этого открытого

TRANSLATOR'S NOTE

In comparison to some other translation tasks I have been faced with, I must admit that neither Tolstoy's nor Verigin's Russian texts presented particularly outstanding challenges, beyond the usual quandaries involved in translating anything more literary than standard business jargon or dry technical descriptions. Far from enhancing my own self-esteem as a translator, however, I realise that this easy transferability, certainly in the case of these two great men with great things to say to each other, is in fact attributable to their respective genius for expressing universal principles which transcend the traditional boundaries of human language and can be clearly grasped and re-phrased in just about any tongue known to mankind.

That said, it is interesting to note particular differences in both linguistic style and expression of mental attitudes between the two correspondents, and how, at least in Verigin's case, attitude — and, correspondingly, linguistic style — changed over the fifteen-year course of their written dialogue.

Tolstoy talks to his correspondent in a delightfully comversational, ever so gentle tone, as if he were simply engaged in a fireside chat with a close friend or relative. This is clearly evident in his very first letter to Verigin, at this point a stranger he had only heard about through a mutual acquaintance. It is still evident in his final letter to Verigin in Canada some fourteen years later — approving, encouraging, guiding and teaching.

Verigin, on the other hand, was a peasant who had risen far above most of his peers in terms of education and linguistic expression. Along with this he managed to develop his own theory of life and the role of literacy therein — and to thoroughly convince himself of its rightness, boldly expounding it in an argumentative style of writing that was as forceful as Tolstoy's was gentle. But over the years it may be seen how Verigin's forcefulness both of character and of expression gradually mellowed, yielding more and more to a reflection of his mentor's meekness — a meekness which still yielded effective power in its own way. This was due surely in part to his own spiritual regeneration he himself spoke about, admitting he had indeed become 'kinder of heart' (see Letter No 32 of 2 Feb. 1905).

Following this development of individual character and expression in the context of a strong mutual relationship has helped make this one of the most exciting translation projects I have worked with. In wishing to capture the spirit of open and frank exchange I have attempted in many places to avoid linguistic literalness in favour

и искреннего обмена мнениями, я постарался в ряде мест избежать буквального перевода, склоняясь к другой крайности и задаваясь вопросом: какие выражения были бы наиболее естественными для этих корреспондентов, если бы они пользовались как средством общения не русским, а английским языком? Тем не менее, это все же перевод, а не вольное художественное воспроизведение, и об успехе этого доставившего мне радость труда в конечном счете судить читателям (особенно тем, кто может сравнить перевод с оригиналом).

Еще одно небольшое напоминание англоязычному читателю, не знакомому с обычаями русского языка: использование имени, сопровождаемого отчеством (*Лев Николаевич, Петр Васильевич* — при этом русская форма имени сохранялась в переводе) является обычной формой обращения среди знакомых, которые не считают себя достаточно близкими. Это знак вежливости и уважения — по-английски где-то между официальным «Мистер Веригин» и более фамильярным «Питер». Этот тон взаимного уважения, который неизменно присутствует в их отношениях, проявляется и в часто повторяемом русском эпитете «уважаемый», который я постоянно переводил как «esteemed», хотя следует заметить, что в английском языке этот термин звучит довольно высокопарным по сравнению с его русским двойником. При отсутствии отчества, соответствующее имя дается в его наиболее общеупотребляемой английской форме (Leo Tolstoy, Peter Verigin).

При отсутствии специальных указаний, приведенные здесь письма датированы согласно «старому стилю» (юлианскому календарю), который употреблялся в России вплоть до февраля 1918 г. (и еще сегодня используется Русской Православной Церковью). Вероятно из-за того, что П. В. Веригин уже проживал в Канаде (на Западе современный григорианский календарь был в употреблении уже с 1582 г.), на некоторых письмах, написанных после его эмиграции поставлено оба варианта: Письмо № 19, например, датировано по старому календарю 3 марта 1904 г. и 15 марта по новому стилю.

В заключение я хочу выразить мое действительное восхищение как Львом Николаевичем Толстым, так и Петром Васильевичем Веригиным, а также всем движением духоборов — мое уважение к ним значительно возросло во время работы над этой перепиской.

Июль 1995 г.
                Джон Вудсворт
                Оттавский университет
                Канада

of leaning more toward the other extreme, where one ponders the question: How would these correspondents have most naturally expressed themselves if they had been using English instead of Russian as a medium? Yet it is still a translation, not a re-creation with artistic licence, and the success of this joyful endeavour must ultimately be left to the readers to judge (especially those who are able to compare the translation with the original).

Just one little reminder to the English-speaking reader unfamiliar with Russian linguistic customs: the use of the first name followed by the patronymic (*Lev Nikolaevich, Petr Vasil'evich* — where the Russian form of the first name has been retained in translation) is a common form of address among people who know each other but do not consider themselves social intimates. It is a mark of politeness and respect — in terms of English, somewhere in between the business-like 'Mr Verigin' and the more casual 'Peter'. This tone of mutual respect, which characterised the two men's relationship throughout, is further evident in the oft-repeated use of the Russian epithet *uvazhaemyj*, which I have consistently rendered as *esteemed*, although it should be noted that its use in Russian comes across as more natural and appropriate than its rather stilted--sounding English counterpart. When not followed by the patronymic, the correspondents' first names appear in their more familiar English form (Leo Tolstoy, Peter Verigin).

A word about calendar dates is also in order. Unless otherwise noted, the letters reproduced in this volume are dated according to the 'old-style' Julian calendar, which was in common use in Russia up until February 1918 (and is still employed by the Russian Orthodox Church today). Probably because of Verigin's presence in Canada (Western countries began adopting the modern Gregorian calendar in 1582), some letters written after his emigration show both the old and new dates — Letter No 19, for example, is dated 3 March 1904 (by the old calendar) and 15 March (according to the 'new style').

In closing I wish to express my sincere admiration for both Tolstoy and Verigin as well as for the whole Doukhobor movement — in fact my appreciation of them has grown significantly deeper through working with this correspondence.

July 1995   John Woodsworth
                                                   University of Ottawa
                                                   Canada

ДИАЛОГ УЧИТЕЛЕЙ ЖИЗНИ

Когда Тобольский губернатор спросил у находившегося в сибирской ссылке Петра Васильевича Веригина, «каким родом» он познакомился со Львом Николаевичем Толстым, руководитель духоборцев ответил: по переписке. «Они крайне удивились, что по переписке можно так близко познакомиться», — заметил Веригин в письме к Толстому (16 августа 1898 г.)

Главный разговор шел действительно в письмах. Личные встречи были позднее — в 1902 и 1906 годах.

В 1894 году Веригин пересылался по этапу из Архангельской губернии в Сибирь и содержался в московской Бутырской тюрьме. Позади остались семь лет ссылки, предстояло столько же. Проводить Веригина приехали брат Василий Васильевич, В. Г. Верещагин и В. И. Объедков. С ними-то 9 декабря встретился Толстой: повидать самого Веригина не было возможности, он на другой уже день отправлялся с партией в Березов Тобольской губернии. Толстого сопровождали два спутника — П. И. Бирюков и Е. И. Попов. Позднее в томе третьем «Биографии Л. Н. Толстого» Бирюков рассказал про эту встречу:

«Мы вошли в большой просторный номер гостиницы и увидали трех взрослых мужчин в особых красивых полукрестьянских, полуказацких одеждах, приветливо, с некоторой торжественностью поздоровавшихся с нами. Это были духоборцы: брат Петра Веригина, Василий Васильевич Веригин, Василий Гаврилович Верещагин, умерший на пути в Сибирь, и Василий Иванович Объедков. Всех нас поразил скромный, но достойный вид этих людей, представлявших не только местную, но как будто расовую или, по крайней мере, национальную особенность; никому из нас ни раньше, ни после не приходилось встречать подобных людей вне духоборческой среды.

Мы, а по преимуществу Л. Н. Толстой, стали расспрашивать их о их жизни и взглядах. Короткое время свидания и малое знакомство с их прошлым не позволило нам вдаться в подробности и мы могли обменяться только общими положениями. На большую часть вопросов Льва Николаевича по поводу насилия, собственности, церкви, вегетарианства они отвечали согласием с его взглядами...»[1].

После встречи с духоборцами одному из своих корреспондентов Толстой написал:

«Сосланный Веригин виновен в том, что оживил дух застывших в своих верованиях и опустившихся по жизни единоверцев, вызвал в них истинную христианскую жизнь, так что они стали отдавать

TWO TEACHERS OF LIFE: A DIALOGUE

When the governor of Tobol'sk asked Petr Vasil'evich Verigin, then living in exile in Siberia, just 'how' he happened to become acquainted with Lev Nikolaevich Tolstoy, the Doukhobor leader replied: 'through correspondence'. 'They were really surprised that people could get to know each other so well through correspondence', remarked Verigin in a letter to Tolstoy (16 August 1898).

Indeed, most of their conversation took place in letters. It was only later that they met face to face — in 1902 and again in 1906.

In 1894, while being transferred from Arkhangelsk province to Siberia, Verigin was held temporarily in Moscow's Butyr Prison. He had already served seven years of exile, with seven more to come. On hand to accompany him on the journey were his brother Vasilij, V.G. Vereshchagin and V.I. Ob"edkov. Tolstoy met with them on the 9th of December; there was no possibility of seeing Verigin himself; the following day he was already on his way to Berezov in Tobol'sk province. Tolstoy was accompanied by two companions — Pavel Biryukov and Evgenij Popov. Later Biryukov described the meeting in Volume III of his biography of Tolstoy:

'We walked into a large, spacious hotel room and saw three male adults in especially handsome half-peasant, half-Cossack clothing. They greeted us warmly, with a certain degree of solemnity. They were Doukhobors: Vasilij Vasil'evich Verigin (Peter Verigin's brother), Vasilij Gavrilovich Vereshchagin, who died on the way to Siberia, and Vasilij Ivanovich Ob"edkov. We were all struck by the humble but dignified appearance of these people, who represented not just their fellow-townsmen but their whole ethnic group, if not the race as a whole; none of us had ever met, nor would ever again meet such people outside the Doukhobor milieu.

'We, Tolstoy in particular, began asking them questions about their life and their views. Because of the brief time we had for the meeting and our limited knowledge of their background we were not able to delve into all the details, managing only to share our general positions with each other. Their replies to the good part of Tolstoy's questions on violence, property, the church, vegetarianism [etc.] co-incided with his own views...'[1]

After this meeting with the Doukhobors Tolstoy wrote to one of his correspondents:

'This Verigin who has been exiled is guilty of reviving the spirit of his co-religionists who had grown listless in their beliefs and disenchanted with life, of calling them to a true Christian life, whereby they have started giving all their property over to the communi-

все свое имущество в общину, перестали курить, пить, есть мясо и отказываются от присяги и военной службы»[2].

Основные поселения духоборцев находились тогда на Кавказе. Не без влияния Веригина, который продолжал наставлять их и из ссылки, летом следующего, 1895 года, объявив непримиримую войну войне, всякой войне, они сожгли все свое личное оружие, без которого на Кавказе, как известно, трудно жить (Веригин для этого случая прислал и свое), и отказались от призыва на военную службу. К тому времени в России действовал для молодых мужчин закон обязательной повинности.

Дальнейшее известно. Начались преследования, ссылки, истязания, надругательства, завершившиеся через несколько лет переездом больших партий в Канаду.

Чтобы материально помочь духоборцам в переезде, Толстой отступил от своего правила тех лет: не брать гонорар за созданные после 1881 года и создававшиеся вновь сочинения (правами на то, что было написано до 1881 года, пользовалась семья, Софья Андреевна). Он продал издателю журнала «Нива» Адольфу Марксу роман «Воскресение»; с иностранных переводов тоже были получены значительные суммы. Сын Толстого Сергей Львович, Леопольд Сулержицкий, Владимир Бонч-Бруевич и другие близкие писателю люди помогали в переезде.

Статьи Толстого с призывами о помощи духоборцам относятся к 1895-1896 годам. Это два послесловия: к работе П. И. Бирюкова «Гонение на христиан в России в 1895 г.» и к воззванию «Помогите!»

Здесь Толстой оценивает духоборчество как «огромной важности явление» и сопоставляет с явлением Христа:

«Среди духоборов, или, скорее, христианского всемирного братства, как они теперь называют себя, происходит ведь не что-нибудь новое, а только произрастание того семени, которое посеяно Христом 1800 лет назад, — воскресение самого Христа»[3].

По убеждению Толстого, ожесточение правительства и «удивительная кротость и стойкость» мучеников — «несомненные признаки близости свершения дела Божия». Он пишет, призывая помочь духоборцам:

«И вот есть люди, которые осуществили этот идеал, вероятно отчасти, не вполне, но осуществили так, как мы и не мечтали осуществить его со своими сложными государственными устройствами. Как же нам не признать значения этого явления? Ведь осуществляется то, к чему мы все стремимся, к чему ведет нас вся наша сложная деятельность»[4].

Он называл их «людьми 25 столетия»[5].

Первую в истории Нобелевскую премию мира (1897) предполагалось вручить Толстому; он, как известно, обратился с открытым письмом в газету «Stokholm Tagblat», отказываясь от

ty, have stopped smoking, drinking, eating meat, and refuse to swear allegiance to the Tsar or to enter military service.'[2]

The main Doukhobor settlements at the time were in the Caucasus. Partly influenced by Verigin, who continued to instruct them even in exile, the following summer (1895), they declared uncompromising war on war itself, on all war. They burnt all their personal arms, without which life in the Caucasus could be notoriously difficult (Verigin had his own weapon sent for this occasion), and refused conscription to military service. A law conscripting all young Russian men into the military was in effect at the time.

History has well documented what followed: the persecutions, the mass expulsions, the torturings, the verbal attacks, culminating several years later in the emigration of the Large Parties to Canada.

Wishing to provide financial help to the Doukhobors in their emigration, Tolstoy went back on an earlier commitment not to accept royalties for publications written or re-worked after 1881 (his family, specifically, his wife Sof'ya Andreevna, had rights to everything written up to 1881). He sold his novel *Resurrection* to the publisher of the journal *Niva* Adol'f Marks; there were also significant revenues from foreign-language translations. Tolstoy's son Sergej L'vovich, Leopol'd Sulerzhitskij, Vladimir Bonch-Bruevich and other close friends of the writer's also helped with the emigration.

Tolstoy's appeals for help for the Doukhobors appeared in 1895–1896. They took the form of two 'afterwords' — one to Biryukov's 'Persecution of Christians in Russia in 1895', the other to the appeal entitled 'Help!'

Here Tolstoy speaks of the Doukhobors' appearance as an 'event of momentous importance', likened to the appearance of Christ:

'After all, the Doukhobors — or rather, the Universal Christian Brotherhood, as they now call themselves — do not present anything new, but only the budding of the seed sown by Christ 1800 years ago — the resurrection of Christ himself'.[3]

Tolstoy was convinced that the hardening of the régime and the 'incredible meekness and perseverance' of the martyrs were 'unmistakbale signs of the approaching culmination of God's work.' In appealing for help to the Doukhobors, he writes:

'And yet there are people who are living this ideal — no doubt in part, if not wholly — but are living it in such a way that we have never dreamt of living it with our complex state structures. How could we not recognise the significance of this phenomenon? After all, it is the realisation of what we are striving for, what all our complex activities are leading us to.'[4]

He called them 'people of the 25th century'.[5]

Tolstoy was a candidate for the very first Nobel Peace Prize in 1897; as is known, he wrote an open letter to the Swedish paper

премии и предлагая присудить ее духоборцам. Письмо опубликовали, а премию, разумеется, не дали.

Переписка Толстого с Веригиным — замечательный памятник духовного общения двух учителей жизни. Шестнадцать писем Толстого были напечатаны в 90-томном Полном собрании сочинений, но теперь заново проверены в архиве; двадцать два письма Веригина публикуются впервые (лишь одно письмо, и то неполно, появилось в английском издании В. Г. Черткова[6]).

Письменный разговор между Толстым и Веригиным шел *на равных*. Они любили и уважали друг друга, при этом Веригин испытывал какое-то сыновнее чувство и временами выражал его очень трогательно. Ощущая себя и соратником, и учеником, жадно прислушивался к речам учителя. Особая и важная тема: *воздействие* взглядов Толстого на духоборческое движение. Это воздействие очевидно; оно было, конечно, замечено властью, о чем ясно свидетельствуют всякие официальные донесения, доклады, записки, сохранившиеся в российских архивах и тоже пока не опубликованные. Но, разговаривая с Толстым, Веригин нередко и спорил, старался высказать и отстоять свое понимание. В письмах к яснополянскому мудрецу Веригин — убежденный в своих взглядах, своей вере мыслитель. При личной встрече Толстой вполне оценил его незаурядный ум. Несомненно, что общение с такими людьми, как Веригин, было одним из источников толстовского творчества. Когда Е. И. Попов весной 1896 года переслал письмо к нему, где Веригин рисовал картину творящегося в мире насилия, Толстой заметил: «То, что пишет Петр Васильевич о картине, я пытаюсь исполнить словесной картиной, если Бог велит»[7].

Переписка между Толстым и Веригиным началась в 1895 году и продолжалась до 1910 года. Последнее письмо отправлено Веригиным из Канады (куда он смог уехать в 1902 году) 17 мая 1910 г.

Иван Михайлович Трегубов (он оставил духовную академию и служил в народном издательстве «Посредник»), один из авторов воззвания «Помогите!», по годам — ровесник Веригина, переслал Толстому письмо, пришедшее из Сибири. Толстой был рад. Веригину он написал: «Радовался тому, что узнал про Вас и как будто услыхал Ваш голос, понял, о чем Вы думаете, как думаете и чем живете».

На этот раз Веригин писал, что жизнь, человеческая жизнь, устное слово убеждения важнее книги. Толстой согласился, хотя дальше и защищал книгу — не оттого, что сам занимался в основном писанием книг, но потому, что хорошая, добрая книга способна духовно объединять людей, живущих далеко друг от друга. В письме Толстого находятся знаменательные слова. Приведя цитату из веригинского письма о том, что духовное знание, необходимое человеку для счастья, «получается непосредственно свыше

Stokholm Tagblat declining the prize, suggesting it be awarded to the Doukhobors. The letter was published, but the prize, as might be expected, did not go to Tolstoy's recommended recipients.

Tolstoy's correspondence with Verigin is a remarkable record of the spiritual communion between two 'teachers of life'. The sixteen letters written by Tolstoy, originally published in the 90-volume *Complete Collected Works*, have now been re-checked with the archives; the twenty-two letters from Verigin are published here for the first time (with the exception of one letter, only part of which was included in an English publication of V.G. Chertkov's[6]).

The written dialogue between Tolstoy and Verigin was one *between equals*. They loved and respected each other; in fact, Verigin experienced some sort of filial feeling, which he expressed very tenderly at times. He felt himself to be both a comrade-in-arms and a pupil, avidly listening to his teacher's pronouncements. The iimpact of Tolstoy's views on the Doukhobor movement — a subject of particular significance — is clearly manifest; naturally, it was noticed by the authorities, as evidenced by the many official communications, reports and notes preserved in the Russian archives and likewise unpublished to date. But in conversing with Tolstoy, Verigin would not infrequently argue, attempting to express and defend his understanding of a matter. Verigin's letters to the wise man of Yasnaya Polyana show him to be a thinker firm of faith and conviction. When they met face to face, Tolstoy was fully conscious of Verigin's outstanding intellect. There is no doubt that contact with such people as Verigin was a source of inspiration for Tolstoy's creative output. When in the spring of 1896 Popov sent him a letter in which Verigin had drawn a picture of the violence existing in the world, Tolstoy remarked: 'What Petr Vasil'evich has portrayed, I am attempting to round out in a word-picture, God willing.'[7]

The correspondence between Tolstoy and Verigin began in 1895 and continued to 1910. The final letter was sent by Verigin from Canada (where he succeeded in emigrating in 1902) on the 17th of May, 1910.

Ivan Mikhajlovich Tregubov (who left his seminary studies to serve at the Posrednik publishing house) was one of the authors of the appeal 'Help!'. About the same age as Verigin, he once forwarded to Tolstoy a letter that had come to him from Siberia. Tolstoy was overjoyed. He wrote Verigin: ' I was ... glad to learn of you and to hear your voice, as it were, and understand what you are thinking about, and how you think and what you live by.

On this occasion Verigin wrote that life, human life — the spoken word of conviction — was more important than books. Tolstoy agreed, although he went on to defend the written word — not because he was a writer himself, but because a good book had the power of spiritually uniting people who lived far apart from each other. Tolstoy's letter contains some memorable words. Citing Verigin's

или от самого себя», Толстой говорит: «Это совершенно справедливо, и я точно так же понимаю человека». Немного было у него таких единомышленников!

Отвечая Толстому, Веригин продолжал бранить книжность и тем вызвал упрек в «сектантском приеме защиты раз принятого и высказанного мнения», но нельзя без волнения читать веригинские аргументы против книг, в пользу жизненного подвига: «Мне нравятся не писания Ваши, в форме книжных сочинений, а нравится Ваша жизнь, Ваш поступок — выход из искусственной жизни к естественной человечной... Писать так, как Вы написали, можно было и в Москве, но жить так, как Вы сейчас живете в деревне, в Москве нельзя».

«В духе и душою исповедовать Бога» — главная заповедь духоборцев, как они себя называли, или членов «Христианской общины всемирного братства», как предложил называть Веригин. Единение всех людей в добре и любви, жизнь по законам совести, а не по предписаниям власти и церкви — эти идеи повторяются у Веригина из письма в письмо, вызывая сочувственный отклик у Толстого.

Такими были в России конца прошлого века эти «новые христиане», независимо от того, из какой среды они происходили.

Вместе с первым же письмом к Толстому Веригин послал выписки из своего дневника. И здесь — поразительное совпадение многих мыслей с толстовскими. Такие записи могли оказаться в тетрадях Толстого!

Главный тезис Веригина: «Веровать в Бога значит веровать в жизнь». В земную жизнь, и таким путем стремиться к вечной жизни. Духовность не обязательно сопряжена со страданием, отречением от жизненных благ. Надо жить, любить, трудиться, быть счастливым, и страдание переносить стойко — как невзгоду, но не как непременный и единственный путь к Богу. О том же прекрасно написал Толстой в дневнике 1894 года:

«Нет, этот мир не шутка, не юдоль испытания только и перехода в мир лучший, вечный, а это один из вечных миров, который прекрасен, радостен и который мы не только можем, но должны сделать прекраснее и радостнее для живущих с нами и для тех, кто после нас будет жить в нем»[8].

Толстой благодарил Веригина за выписку из дневника и в конце длинного письма обещал в другой раз «поделиться некоторыми соображениями в этом же направлении». Вероятно, это было сделано, но письма 1897 года пропали. Вообще легко говорить: написал — ответил, когда письма лежат теперь в стальной комнате на Пречистенке. Веригину запрещалась переписка, кроме чисто родственной. Письма отправлялись через полицию или по случайным оказиям, доходили спустя несколько месяцев, иногда лет, порою перехватывались и пропадали. К

quotation to the effect that the spiritual knowledge so vital to mankind's happiness 'comes directly from above or from within ourselves'. Tolstoy declares: 'This is quite right, and that is my concept of man too.' Such 'kindred spirits' as Verigin were rare indeed!

In his reply to Tolstoy, Verigin continued to decry literature, leaving himself open to the accusation of the 'sectarian habit of defending a position once it has been adopted and declared', but one cannot help but sympathise with Verigin's arguments for rejecting books in favour of living deeds: 'It is not your writings, in the form of published compositions, that appeal to me, but rather your life, your actions, the way you left an artificial life for a natural human one... To write the way you have written — well, that could have been done in Moscow, but to live the way you are now living, in the country — in Moscow would be impossible.'

'Confess God in spirit and soul' was the chief commandment of the Doukhobors, as they called themselves, or members of the 'Christian community of universal brotherhood', as Verigin proposed to call them. Uniting all people in goodness and love, living by the laws of conscience rather than by the decrees of government and church authorities — these ideas are found again and again in Verigin's letters, each time being met by a sympathetic response from Tolstoy.

Such were the 'new Christians' of Russia at the end of the 19th century, regardless of their social background.

Along with his first letter to Tolstoy Verigin sent along some excerpts from his diary. Here too we find many of his thoughts strikingly similar to Tolstoy's. In fact, a number of them could have come straight out of Tolstoy's own notebooks!

Verigin's main thesis was: 'To believe in God means believing in life.' In life on earth, and thereby to strive for life eternal. Spirituality is not necessarily synonymous with suffering, or renouncing all earthly blessings. One must live, love, labour, be happy, and resolutely endure suffering — as adversity, but not as the only sure way to God. Tolstoy wrote beautifully on this subject in his diary of 1894:

'No, this world is not a joke, nor merely a valley of temptation one must pass through on the way to a better, eternal world, Rather, it is one of the eternal worlds which is marvellous and joyous and which we not only can but must make even more marvellous and joyous for those around us as well as for those who will continue to live in it after we are gone'.[8]

Tolstoy thanked Verigin for the excerpts from his diary and at the end of a long letter promised again to 'share some ideas along this line'. No doubt he did, but the 1897 letters have been lost. Of course it is easy to talk in terms of 'writing' and 'replying' when the letters are now lying in the steel-protected archives on Prechistenka Street in Moscow. Verigin was forbidden to correspond, except with his relatives. The letters were sent through the police, or with peo-

счастью для нас, у Толстого и Веригина были верные и преданные друзья.

С одним из следующих писем — 1898 года — Веригин прислал свое литературное сочинение — рассказ «Фантазия» — о том, «как в России недавно явилась святая Мария одному мужичку». Толстой хотел напечатать легенду в «Посреднике», но цензура тогдашняя, конечно, не пропустила. Толстой заметил: «едва ли будет напечатана, хотя она и была бы полезна». Рукопись осталась в архиве Толстого и публикуется в этой книге впервые. Это очень интересное сочинение, по смыслу близкое к таким толстовским рассказам, как «Чем люди живы», «Где любовь, там и Бог» и другим «народным рассказам». Богородица учит мужика передать людям: надо избавиться от трех пороков (водка, табак, карты) — от них многочисленные грехи: беднота, зависть, убийство, любостяжание...

Согласны были Толстой и Веригин и в мечтах об освобождении народа от всякого гнета и в обличении существующего зла — прежде всего войны, но и церкви тоже. В 1898 году, по случаю миссионерского съезда в Казани, о котором Веригин, конечно, узнал, как и о толстовской статье «Голод или не голод?» в газете «Русь», он отправил из Сибири замечательное письмо. Вообще, при всех нападках на книжное — лучше сказать, не образование, а воспитание, Веригин был весьма начитанным человеком. Толстому в этот раз он написал: «Ваши сочинения нашли на Съезде очень вредными! Да и правду надо сказать, Вы много за это время разоблачили неправды. В особенности попы сильно на Вас сердиты, да и имеют право, потому что Вы своими «Маленькими Брошюрками» не позволяете им более прикрываться овечьей шкурой, тогда как на самом деле они Волки....» (16 августа 1898 г.).

В другом письме, развивая программу, как добиться того, чтобы люди усвоили истину: нельзя убивать человека — Веригин предлагал Толстому составить «петицию»: *Вы могли бы написать всем христианским общинам в Америке и Европе*. Затем «три человека Христиан» посетили бы «всех главарей существующего строя»; потом состоялся бы съезд, и Толстой мог бы присутствовать. Нельзя не заметить, что Толстой много трудился для осуществления такой программы.

Главный предмет диалога Веригина с Толстым — о смысле жизни, цели человеческого бытия. Вера Веригина определена им самим так: смысл жизни — «сохранять свое сердце от зла». В этом и состоит «усыновление Богу-отцу». В одном из его последних писем к Толстому сказано:

«Вы часто говорите, что цели на Земле у человека нет и не может быть. Я думаю-чувствую, что сохранение себя от зла можно поставить целью и эта цель достижима, и получается наивысшее полное человеческое удовлетворение, потому что это

ple who happened to be passing through, arriving months — or even years — later, and at times were intercepted and lost. Fortunately for us, the two had some loyal and faithful friends.

With one of these letters (1898) Verigin sent along a literary composition — his story 'A Fantasy' — about 'how in Russia the Virgin Mary recently appeared to a peasant-fellow'. Tolstoy wanted to publish the tale through Posrednik, but the censors at the time would naturally not permit it. Tolstoy remarked: 'I doubt [it] will ever be published, even though it would be useful.' The manuscript remained in the Tolstoy archives and is being published in this book for the first time. This is a very interesting composition, similar in content to such stories of Tolstoy's as 'What people live by', 'Where love is, there too is God' and other 'stories for the people'. The Virgin Mary tells the peasant that he must persuade people to free themselves from the three vices (vodka, tobacco and card-games) from which come a multitude of sins: poverty, envy, murder, covetousness...

Tolstoy and Verigin also shared dreams of freeing the people from any sort of oppression and of exposing prevailing evil — primarily the evil of war, but oppression in the church as well. In 1898 he sent a remarkable letter from Siberia on the occasion of the missionary conference in Kazan', which he naturally knew about. He also knew about Tolstoy's article 'Famine or not?' in the paper *Rus'*. On the whole, in spite of all his attacks on education (or rather, [moral and social] upbringing) through books, Verigin was indeed a well-read individual. This time he wrote to Tolstoy: 'The conference thought your writings extremely dangerous! To tell the truth, you have uncovered a lot of lies lately. The priests are especially angry at you, and with some justification, for you with your 'Little Pamphlets' won't let them hide any more in their sheep's clothing, when in fact they are Wolves....' (16 August 1898).

In another letter, in working out a project to get people to realise the truth of the commandment 'Thou shalt not kill', Verigin suggested Tolstoy draw up a 'petition': '*You could* write to all Christian communities in America and Europe.' Then 'three Christian people' could visit 'all the leaders of the established order'; then a conference would be held, and Tolstoy could attend. One cannot help but remark that Tolstoy worked long and hard for the realisation of such a project.

The main topic of conversation between Verigin and Tolstoy was the meaning of life, the purpose of human existence. Verigin defined his faith as follows: 'The meaning of life is to keep one's heart from evil.' This was also what constituted 'adoption by God the Father'. In one of his last letters to Tolstoy he wrote:

'In your writings you often say that man has not and cannot have a purpose on earth. I think, I feel, that keeping one's self from evil can constitute a purpose and that this purpose is achievable,

приближает меня к Божественной истине.» (2 февраля 1909 г.). Толстой был согласен, и выразил это так — в своем последнем письме к Веригину от 4 октября 1909 г.: «Благо жизни нашей только в душе, в ее приближении к Богу. Вещественные же заботы большею частью только отводят от внутренней работы души. Помогай Вам Бог с братьями успевать в том, что «единое на потребу».

Здесь, впрочем, слышны ноты разногласия.

Известно, что на первых порах духоборцам в Канаде жилось худо. К тому времени, как появился Веригин, дела налаживались, и сам он энергично принялся за них. Его крестьянские руки стосковались по земле, по труду на ней, а здесь земли было достаточно, вместо лошади и сохи или бороны можно было сообща купить машину с мощными плугами, сеялки и т.п. Веригин, что называется, дождался своего крестьянского часа. Его письма из Канады сопровождаются длинными отчетами-реестрами, что куплено, сколько израсходовано, что посеяно, посажено, убрано. Это был его труд, труд братьев и сестер, как духоборцы называют друг друга, он давал материальный достаток, и дети не умирали от голода, подобно несчастному ребеночку «в скуфеечке» из толстовского последнего романа. Вообще Веригин очень любил детей и много писал о них. Толстой опасался, что материальные заботы поглотят духовность.

Веригин перестал посылать денежные отчеты, но думал и старался по-прежнему. В предпоследнем письме, очень коротком (10 строк) — две отданы все же хозяйству: «Прошлое лето мы имели хороший урожай на все. Всех хлебов собрали миллион бушелей. Овощей также вволю».

История подтвердила, кажется, правоту Веригина. Современные духоборцы живут в полном достатке, кормят Канаду и не только Канаду, но по-прежнему честны, трудолюбивы и духовны.

В 1909 г. Веригин писал, что Толстому хорошо бы пожить среди духоборцев, и приглашал. Духоборцы, уверял он, «все более и более приближаются своим поведением и разумением к царствию Божию на земле».

Последнее письмо Веригина отправлено в мае 1910 года. Самый тяжелый для Толстого год, завершившийся трагическим уходом. Семейные и толстовцы разрывали его сердце, душу и тело. Живший вдали Веригин, ничего не знавший об этом, любил и жалел «дедушку», как многие духоборцы называли Толстого в своих письмах. Перед текстом письма он приписал: «Попросите прочитать Вам кого-либо из молодых». Он жалел его глаза.

Письмо — как пророчество. Оно — о бессмертии, которое было на пороге у Толстого. Веригин, как известно, погиб в 1924 году — от взрыва в поезде, к нему не имевшего никакого отношения: трагическая случайность.

offering the highest complete human satisfaction, since it draws me toward Divine truth.' (2 February 1909). Tolstoy agreed, and in his final letter to Verigin (4 October 1909) put it this way: 'Whatever good there is in our life is found in the soul, in its drawing nearer to God. Concern over physical things for the most part only detracts from the inner workings of the soul. May God help you and the brethren succeed in the "one thing [that] is needful".'

Here, it may be pointed out, a note of disagreement is audible.

We know that the early years in Canada were difficult ones for the Doukhobors. By the time Verigin arrived, things were going better, and he set himself about his daily life with a vigour. His peasant hands had yearned for the land, for tilling the soil, and here was land aplenty; instead of a horse and wooden plough or harrow a group could get together and buy a tractor with powerful ploughs, seeders etc. For Verigin, it may be said that his 'peasant hour' had come. His letters from Canada were accompanied by long accounting statements showing what had been bought, how much it had cost, what had been sown, planted and harvested. This was his labour, the labour of the 'brothers and sisters', as the Doukhobors were wont to call each other; it yielded material sufficiency, and the children were not dying of starvation — not like the unfortunate 'child in the skull-cap' in Tolstoy's latest novel. Verigin loved all children and wrote a lot about them. Tolstoy was concerned that the Doukhobors' day-to-day material cares might swallow up their spirituality.

Verigin stopped sending financial accounts, but he still thought and worked as before. In his last letter but one, a very brief letter, two of the ten lines were still devoted to farming: 'Last summer we had a good harvest of everything. We collected a million bushels of grain all told. Vegetables were also in abundance.'

History, it seems, has proved Verigin right. Today's Doukhobors live in complete self-sufficiency. They are feeding Canada, and not only that, but have maintained their original honesty, industriousness and spirituality.

In 1909 Verigin wrote that it would be good for Tolstoy to live among the Doukhobors, and invited him to come to Canada. The Doukhobors, he assured him, 'have been drawing closer and closer in their behaviour and understanding to the Kingdom of God on Earth'.

Verigin's last letter was sent in May 1910. It was Tolstoy's most difficult year, culminating in his tragic departure. His family and followers were tearing at his heart, soul and body. Verigin living far away knew nothing of this, but continued to love and feel compassion for 'Grandpa', as many Doukhobors referred to Tolstoy in their letters. At the beginning of his letter he wrote: 'Ask one of the young people to read this to you.' He was concerned for the writer's eyes.

The letter was like a prophecy. It hints at the immortality

В последнем веригинском письме, конечно, сначала Толстому сообщается о хозяйственных делах: «Я недавно возвратился из Колумбии. Там до первого мая посадку садов закончили. Также и здесь, в Саскачеване, сев хлебов окончен совсем. Тут высеваем больше овса, так как пшеницу иногда побивает мороз. Посеено больше прошлогоднего. Все у нас благополучно, слава Господу». И дальше, в той же строке: «Недавно я думал о возможности бессмертия человека». Оказывается, по Веригину, что желание бессмертия это и есть вера, Христова вера, сознание вечной жизни.

Рассуждая дальше, Веригин находит как будто неожиданное, немыслимое сравнение: «Все то, что появилось, не может уничтожаться, а только видоизменяется — как мы наблюдаем. Например, где росла картофель, там роскошно появляется пырей и тому подобное».

Читаешь эти строки, и приходят на память начало и конец «Хаджи-Мурата», лебединой песни Толстого:

«Я возвращался домой полями... Вот эту-то смерть и напомнил мне раздавленный репей среди вспаханного поля».

На отношениях с духоборцами, в частности — с их тогдашним руководителем П. В. Веригиным, становится особенно очевидным, что Толстой — не ортодоксальный, но подлинный христианин и подлинно народный писатель.

Лидия Дмитриевна Громова-Опульская

---

[1] Бирюков, П. И. Биография Л. Н. Толстого. Т. 3. М., 1923, С. 241–242.

[2] Толстой, Л. Н. Полн. собр. соч. в 90 т. Т. 67. М., 1955, С. 279.

[3] Толстой Л. Н. Т. 39. С. 194.

[4] Там же. С. 194–196.

[5] Там же. Т. 71. С. 497.

[6] Письма духоборческого руководителя Петра Васильевича Веригина, под ред. В. Д. Бонч-Бруевича, изд. «Свободное слово», Крайстчерч, 1901 (письмо 16 августа 1898 г.).

[7] Толстой Л. Н. Т. 69. С. 60.

[8] Толстой Л. Н. Т. 52. С. 120–121.

whose threshhold Tolstoy was about to cross. Verigin, as is known, died in 1924 — by tragic irony in a train explosion that had nothing to do with him personally.

Verigin's last letter began, as usual, by describing farm affairs: 'I recently got back from B.C. The garden planting was all finished there before the first of May. Here too in Saskatchewan the sowing is completely done. We are sowing more oats here, as wheat is sometimes killed by the frost. We have sown more than last year. We are all getting along well, thank the Lord.' And later, on the same line: 'Lately I have been thinking about the possibility of man's immortality.' It turns out that, according to Verigin, the desire for immortality is what constitutes faith, Christ's faith, the consciousness of eternal life.

Reasoning further, Verigin stumbles across an unthinkable comparison, almost unexpected: 'Everything that has appeared cannot be destroyed, but only changed in form — to our observation. For example, luxuriant couch-grass is now thriving where potatoes once grew, and so forth.'

As you read these lines, the beginning and the end of Tolstoy's swan song, *Hadji-Murat*, come to mind:

'I was returning home through the fields... I was reminded of this particular death by a trodden-down burdock in the midst of a ploughed field.'

Tolstoy's relations with the Doukhobors — especially with their erstwhile leader Peter Verigin, clearly show that Tolstoy was not an orthodox but a true Christian, and a true writer of the people.

Lidia Dmitrievna Gromova-Opul'skaya

---

[1]Biryukov, P.I. *Biografiya L.N. Tolstogo* [Biography of L.N. Tolstoy], Vol. 3 (Moscow, 1923), pp. 241–242.

[2]Tolstoy, L.N., *Polnoe sobranie sochinenij v 90 t.* [*Complete Collected Works in 90 Volumes*], Vol. 67 (Moscow, 1955), p. 279.

[3]Tolstoy, L.N. Vol. 39, p. 194.

[4]*Ibid.*, pp. 194–196.

[5]*Ibid.*, Vol. 71, p. 497.

[6]*Letters of the Doukhobor leader Peter Vasilyevich Verigin*, ed. V.D. Bonch--Bruevich (Christchurch, UK: Svobodnoe slovo, 1901) (letter of 16 August 1898).

[7]Tolstoy, L.N., Vol. 69, p. 60.

[8]*Ibid.*, Vol. 52, pp. 120–121.

1859г. — 1924года

Copyright 1922.   Campbell Art Gallery, Nelson BC.

Петр Васильевич
Веригин
Вождь Духоборцев

ПИСЬМА

1895–1910

LETTERS

1895–1910

1. Л. Н. Толстой — П. В. Веригину
21 ноября 1895 г. Москва.

Дорогой брат!

Иван Михайлович Трегубов переслал мне Ваше письмо к нему[1], и я очень радовался, читая его, радовался тому, что узнал про Вас и как будто услыхал Ваш голос, понял, о чем Вы думаете, как думаете и чем живете. Вижу из письма Вашего, что Вы живете в духовном мире и заняты духовными вопросами. А для блага человека это главное, потому что только в духе человек свободен, и только духом творится дело Божие и только в духе человек чувствует себя в единении с Богом, так как «Бог ест дух». Мысли, высказываемые Вами в письме о преимуществе живого общения над мертвою книгой, мне очень понравились, и я разделяю их. Я пишу книги и потому знаю весь тот вред, который они производят, знаю, как люди, не желающие принять истину, умеют не читать или не понимать того, что им против шерсти и обличает их, как перетолковывают и извращают, как они перетолковали Евангелие. Все это я знаю, но все-таки считаю *в наше время* книгу неизбежною. Я говорю: в наше время, в противоположность временам евангельским, когда не было книгопечатания, не было книг и средство распространения мыслей было только устное. Тогда можно было обходиться без книги, потому что тогда и у врагов истины не было книги; теперь же нельзя предоставлять одним врагам это могущественное орудие для обмана и не пользоваться им для истины. Не пользоваться книгой или письмом для передачи своих мыслей и восприятия мыслей других людей — все равно, что не пользоваться силой своего голоса для передачи сразу многим людям того, что имеешь сказать, и своим слухом — для того, чтобы понять то, что громко говорит другой человек, а признавать возможность передачи и восприятия мыслей только один на один или шепотом.

Письмо и печать только увеличили в тысячи, сотни тысяч раз число людей, которым может быть слышен выражающий свои мысли, но отношение между выражающим и воспринимающим остается то же; как в устной беседе слушающий может вникать и понимать и может точно так же пропускать мимо ушей то, что ему говорится, то же и в печати; как может читающий книгу вкривь и вкось перетолковывать ее, так же и слушающий ушами; как в книгах можно — как мы это и видим — много писать лишнего и пустого, так точно можно и говорить. Разница есть, но

1. L. N. Tolstoy to P. V. Verigin
21 November 1895. Moscow.

Dear Brother!

Ivan Mikhajlovich Tregubov has sent me your letter to him,[1] and I was very glad to read it, glad to learn of you and to hear your voice, as it were, and understand what you are thinking about, and how you think and what you live by. I see from your letter that you live in a spiritual world and concern yourself with spiritual questions. That is vital for the good of mankind, for only in the spirit is man free, and only through the spirit is God's work done, and only in the spirit does man feel himself at one with God, since 'God is spirit'. The thoughts you express in your letter about the superiority of live communication over dead books greatly appealed to me, and I share them. I write books and therefore I know all the harm that they cause; I know how people who are unwilling to accept truth know how not to read or not understand anything that goes against the grain and exposes them, how they re-interpret and distort, how they have re-interpreted the Gospel. I know all that, yet all the same I think that *in our time* books are unavoidable. I say 'in our time' — in contrast to the gospel times, when there was no printing of books, there were [simply] no books, and the means of communicating thoughts was purely oral. Back then it was possible to get by without books, because neither did the enemies of truth have books; but now we cannot let just the enemy have this powerful tool [to use] for deceit and not use it for truth. Not to use books or letters for communicating one's thoughts and to receive thoughts of other people is tantamount to not using the power of your own voice to communicate instantly to many people what you wish to say, or not to use your hearing to understand what another person is saying out loud, but to admit that thoughts can be communicated and received only one on one or through whispering.

Letters and print have simply increased by thousands — by hundreds of thousands — the numbers of people capable of hearing one express one's thoughts, but the relationship between the communicator and the receiver remains the same; just as in oral conversation the listener can delve into and understand what he is hearing, or can let what is being said to him go in one ear and out the other, the same is true with print: just as it is possible for the reader to misinterpret a book he is reading, so can one who listens with his ears; just as one can — as we see — write nonsense or write too much, so is it possible

разница иногда в пользу устного, иногда в пользу печатного общения. Выгода устной передачи та, что слушатель чувствует душу говорящего, но тут же и невыгода та, что очень часто пустые говоруны, как например, адвокаты, одаренные даром слова, увлекают людей не разумностью речи, а мастерством ораторского искусства, чего нет при книге; выгода другая устной передачи та, что непонявший может переспросить, зато невыгода та, что непонимающие, часто нарочно непонимающие, люди могут спрашивать то, что нс нужно, и перебивать ход мысли, чего тоже нет при книге. Невыгоды книги те, что, во-1-х, бумага все терпит и можно печатать всякий вздор, стоящий таких огромных трудов рабочих бумаги и типографщиков, чего нельзя делать при устной передаче, потому что вздор не станут слушать; во-2-х, те, что они (книги) разрастаются в огромном количестве и хорошие теряются в море глупых, пустых и вредных книг. Но зато выгоды печати тоже очень велики и состоят, главное, в том, что круг слушателей раздвигается в сотни тысяч раз против слушателей устной речи. И это увеличение круга читателей важно не потому, что их становится много, а потому, что среди миллионов людей разнообразных народов и положений, которым доступна книга, отбираются сами собой единомышленники и благодаря книге, находясь за десятки тысяч верст друг от друга, не зная друг друга, соединяются в одно и живут единой душой и получают духовную радость и бодрость сознания того, что они не одиноки. Такое общение теперь я имею с Вами и с многими и многими людьми других наций, никогда не видавших меня, но которые мне близки больше моих сыновей и братьев по крови. Главное же соображение в пользу книги то, что при известной степени развития внешних условий жизни книга, печать вообще, сделалась средством общения людей между собой и потому нельзя пренебрегать этим средством. Столько вредных книг написано и распространено, что противодействовать этому вреду можно только книгой же. Клин выбивать клином. Христос сказал: «Что я говорю вам на ухо, то будете говорить с крыш».[2] Это самое провозглашение с крыш и есть печатное слово. Печатное слово есть тот же язык, только хватающий очень далеко, и потому к печатному слову относится и все то, что сказано об языке: им благословляем Бога и им же проклинаем человеков, сотворенных по подобию Божию; и потому нельзя быть достаточно внимательным к тому, что говоришь и слушаешь, так же как и к тому, что печатаешь и читаешь. Пишу все это не потому, чтобы думал, что Вы иначе думаете (из Вашего письма вижу, что Вы так и понимаете это), но потому, что эти мысли пришли мне в голову и захотелось поделиться ими с Вами. В особенности полюбилось мне в письме Вашем то, что вы говорите о том, что «*если бы мы сохранили все, даденное уже свыше нам, то вполне бы были счастливы. А то, что необходимо и законно, то непременно должно быть в*

to talk that way. There is a difference, but the difference is sometimes in favour of oral, sometimes written communciation. The advantage of oral communication is that the listener feels the soul of the speaker, but here too is the disadvantage that quite often empty-headed chatterers — lawyers, for example — endowed with the gift of the gab, attract people not by the reasonableness of their words but by their oratorical mastery, which doesn't happen with books; another advantage of oral communication is that the person who doesn't understand can ask for clarification, and yet there is the disadvantage that people who don't understand, often on purpose, can ask unnecessary questions and break the train of thought, which also does not happen with books. The disadvantages of books are, first, that paper will tolerate anything and you can print all kinds of nonsense, at the cost of enormous efforts on the part of paper and typography workers, which would be impossible in oral communication, since people don't bother listening to nonsense; secondly, the fact that they (books) are multiplying in huge quantities and the good ones are lost in a sea of stupid, meaningless and harmful books. Nevertheless, the advantages of books are also considerable, consisting mainly in the fact that the circle of one's listeners is expanded by hundreds of thousands compared to people listening to oral communication. And this expansion of the circle of listeners is important not simply because there are a lot of them, but because among the millions of people of various nations and social status who have access to a book, 'kindred spirits' turn up all by themselves; people living tens of thousands of versts[2] from each other, people who don't even know each other, are united into one and live by a single soul and derive spiritual joy and courage from the realisation that they are not alone. This is the kind of communion I now have with you and with many, many people of other nations who have never seen me, but who are closer to me than my blood sons and brothers. But the chief argument in favour of books is the fact that, given a certain degree of development in the outward standard of living, books — and print in general — have become people's means of communciation with each other and therefore we cannot afford to neglect this means. So many harmful books have been written and circulated that this harm can be counteracted only by books. You fight fire with fire. Christ said: 'What ye hear in the ear, that preach ye upon the housetops'.[3] Well, this preaching upon the housetops is the printed word. The printed word is the very same language, only very far-reaching, and therefore everything said about language applies to the printed word as well: we use language to bless God and to curse people created in God's likeness; and so you can never be careful enough about what you say and hear, just as about what you print and read. I am writing all this not because I thought that you think differently (I see from your letter that you understand this the same way), but because these thoughts have come to me and I wanted to

каждом и получается непосредственно свыше или от самого себя. Это совершенно справедливо, и я точно так же понимаю человека. Всякий человек несомненно знал бы всю истину Божию, все то, что ему нужно знать для того, чтобы исполнять в этой жизни то, чего хочет от него Бог, если бы только эта открытая человеку истина не затемнялась бы ложными толкованиями человеческими. И потому для познания Божеской истины человеку нужно прежде всего откинуть все ложные толкования и все соблазны мирские, влекущие его к принятию этих толкований, и тогда останется одна истина, которая доступна младенцам, потому что она свойственна душе человеческой. Трудность же главная в том, чтобы, откидывая ложь, не откинуть вместе с ней и часть истины, и в том, чтобы, разъясняя истину, не внести новых заблуждений.

Благодарю Вас, любезный брат, за поклоны, которые Вы прислали мне. Пишите мне, если ничто этому не помешает, в Москву, Хамовнический пер., д. Толстого. Не могу ли чем-нибудь служить Вам? Вы меня очень обрадуете, если дадите какое-либо поручение.

Братски обнимаю Вас.

Лев Толстой.

21 ноября 1895 г.

---

[1] Письмо П. В. Веригина к И. М. Трегубову от 5 августа 1895 г. Опубликовано: «Письма духоборческого руководителя Петра Васильевича Веригина», под ред. В. Д. Бонч-Бруевича, изд. «Свободного слова», Крайстчерч, 1901, С. 14–16. И. М. Трегубов (1858–1931), покинув в 1893 г. Московскую духовную академию, работал в книгоиздательстве «Посредник». Поблагодарив Трегубова за присланные в Обдорск книги, Веригин далее писал: «Книги много помогают в разрешении, но также иногда много и затрудняют. Тогда как ваш собственный голос призыва никогда вас не обманет, лишь бы наши желания были искренни, то есть чтобы полностью присутствовала душа». Позднее Трегубов продолжал посылать Толстому письма Веригина и других духоборцев.

[2] Евангелие от Матфея, 10:27.

share them with you. I was especially touched by what you said in your letter to the effect that *'if we preserved what was already given to us from above, we should be perfectly happy. And whatever is necessary and lawful must inevitably be in each one [of us], and comes directly from above or from within ourselves.'* This is quite right, and that is my concept of man too. Everyone would undoubtedly know God's truth, know all they needed to know to accomplish what God wants from them in this life, as long as this truth that has been revealed to man is not clouded by false human interpretations. And for that reason to know God's truth man needs first of all to reject all false interpretations and all worldly temptations that would lead him to accept these interpretations, and then the truth alone will remain, the truth which is available to babes, since it is innate to the human soul. The big challenge is in throwing out the lie without throwing out some of the truth with it, as well as, in the process of explaining the truth, to avoid introducing new errors.

I thank you, dear brother, for the greetings you sent me. Write to me in Moscow, if there is nothing stopping you, at the Tolstoy house in Hamovniki Lane. Is there anything I can do for you? You will make me very happy if you give me something to do.

I embrace you as a brother.

Leo Tolstoy.

21 November 1895

---

[1] Letter from P.V. Verigin to I.M. Tregubov, 5 August 1895, published in *Pis'ma dukhoborcheskogo rukovoditelya Petra Vasil'evicha Verigina* [*Letters from the Doukhobor leader Petr Vasil'evich Verigin*], ed. V.D. Bonch-Bruevich (Christchurch: Svobodnoe slovo, 1901), pp. 14–16. In 1893 Tregubov (1858–1931) left the Moscow Seminary to work at the Posrednik publishing house. Thanking Tregubov for the books sent to Obdorsk, Verigin added: 'Books help a lot in working things out, but can sometimes be a big hindrance as well. Whereas our own voice of appeal will never deceive you, as long as our desires are sincere, that is, as long as the soul is fully present.' Later Tregubov continued sending Tolstoy letters from Verigin and other Doukhobors.

[2] *versts* — a pre-Revolutionary unit of linear measurment, equivalent to approximately 1 kilometre.

[3] St Matthew's Gospel 10:27.

2. П. В. Веригин — Л. Н. Толстому
1 августа 1896 г. Обдорск.

«Самому себе противоречу».
— П. Веригин

Любезный и Дорогой Друг Лев Николаевич!

От полной души благодарю Вас за внимание, которое выразилось в послании ко мне от 21-го ноября 95 г. — Я получил только на днях. Простота Вашей беседы говорит о ясности и прямоте Вашего сердца, потому: «от избытка сердца говорят уста».[1]

Доводы Ваши о грамотности очень и очень правильны — в особенности если брать настоящий момент времени. — Как Вы и говорите. Но я иногда позволяю себе — идеализировать мысль свою в общем, не принимая в расчет времени и обстоятельств. — Оставление грамотности в наше время — и за скорый период, то есть моментально, равносильно тому, что если бы всех людей лишить обуви, или женщин современной жизни лишить шляпок, уснащенных кружевами и перьями птиц. Что бесспорно повлекло бы за собой крупные недоразумения. Один безобразный вид босых и бесшляпочных людей представлял бы отвратительное зрелище. Несмотря на то, что если бы серьезно взглянуть, то может быть люди поступили бы законно, не опутывая свои ноги обувью и не извращая естественный вид головы. Я полагаю, что самый высокий культ эмансипацированной женщины, если она не будет носить шляпки, мозги ее и мысль нисколько от этого не пострадают. — Так и грамотность, это своего рода «мода времени». Как Вы и сами проговариваетесь, что «грамотность необходима как средство по времени». — Человек, состоя грамотным, видит в этом красу самого себя — даже своей мысли, но это в общем неправильно. Быть грамотным, это иметь изящную одежду (хотя бы приобретенную посредством постороннего труда), но быть человеком, в обширном смысле этого слова, можно и неграмотному.

Мне часто приходилось видеть такие сцены, люди, разговаривая несколько часов и инсти(н)ктивно сблизившись — по причине единения Духа-мысли, расходились моментально, прекратив речь на полуслове, узнав, что между двумя третий оказался совершенно неграмотным, на вопрос лицеистов, в котором кончил курс их собеседник? — получив ответ, что он грамоты не знает. — Вы вполне согласитесь, что суд этих двух — по их даже собственному положению, грамотных людей, весьма и весьма неправилен: не

2. P. V. Verigin to L. N. Tolstoy
1 August 1896. Obdorsk.

«I contradict myself».
— P. Verigin.

[My] Kind and Dear Friend Lev Nikolaevich!

I thank you wholeheartedly for the attention expressed in your letter to me of 21 November 1895. — I received it just a few days ago. The simplicity of your discussion speaks of the clarity and the straightforwardness of your heart, hence: 'out of the abundance of the heart the mouth speaketh'.[1]

Your arguments about literacy are correct through and through — especially in regard to the present time. — As you yourself say. But I sometimes allow myself — to idealise my thought in general [terms], not taking account of time or circumstance. — Forsaking literacy in our day — even for a brief time, i.e., for a moment, would be tantamount to depriving everybody of shoes, or depriving contemporary women of their hats, all decked out with lace and bird feathers. That would unquestionably lead to a state of considerable bewilderment. Just the scandalous image of shoeless and hatless people would be a revolting sight. In spite of the fact that if you look at it seriously, people might still behave lawfully even without entangling their feet in boots and shoes or distorting the natural appearance of the head. I would suppose, [as regards] the highest cult of emancipated women, that if they didn't wear hats, their brains and thoughts would not suffer in the least. — So too with literacy, it's a kind of 'fashion of the times'. As you yourself argue, 'literacy is needed as a means of communication for the time'. Someone who is literate sees in this manner his own self — even his thoughts, but generally [the image is] not correct. Being literate is like having fine clothes (though obtained through someone else's labour), but even an illiterate can be a human being, in the larger sense of the word.

I have often had the occasion to witness such scenes — people spending several hours in conversation and instinctively drawing closer together, through the union of the Spirit-thought, and then suddenly parting, cutting off their conversation in the middle of a word, once they find that a third party to the conversation, as it turns out, is completely illiterate, in reply to the question 'And which *lycée* did you attend?' the answer being received that he did not attend school at all. — You will completely agree that the judge-

узнай они, что он неграмотен, все трое разошлись бы друзьями. — Как и современная леди со шляпкой под вуалью не подаст руки гологоловой загорелой Тирольке, не понимая, что шляпка, или фрак с лентой и звездами есть только «модное временное украшение», которые нисколько не прибавят ума. Можно быть грамотным и ничего не понимать, не *чувствовать* и, наоборот, неграмотным и разуметь ясно о окружающем. Грамотность нельзя считать рычагом умственного развития в человеке, в особенности основного духовного прогресса. — В конце этого письма прилагаю выписку из моего дневника, о основном двигателе нашей эволюции.

Теперь же буду возражать по пунктам на Ваши доводы о законности грамотности. — Во-первых, Вы говорите: «Как часто люди не читают и не хотят понять что против их привычек». Это происходит оттого, что больной, поддавшийся окончательно болезни, не может встать и принять лекарство, недостаточно обставить его флаконами микстуры с рецептом, или послать по почте; а необходимо личное присутс(т)вие врача, совет его, а также и здоровый, бодрый вид, что воодушевляет человека. — А потому, насколько известно, более истинные мыслители о правде шли и помогали больным своим личным участием, а не средствами. И Христос не потому завещал сеять живое слово, что не было книгопечатания — книгопечатание было за несколько тысяч лет до Христа, только в разных формах,— а потому, что живое слово нашел более правильным средством как по простоте этого средства, а также и наоборот и по сложности его. Читать и переписывать можно и чужое, мыслить же и говорить исключительно только можно свое. Чрез грамотность же люди впали в крупную ошибку; часто человек берет и читает псалтырь, ничего общего с ним не имеющий, а потому и немудрено, что слово это не прививается к слушателям, «они говорят и не делают»[2]. — Пишущего и читающего можно сравнить с фельдшером, который читает рецепты и составляет по них лекарства, очень часто не верящий в свои же действия, но исполняющий эти обязанности из-за материальной выгоды — из-за платы. Мыслящего же и говорящего лично я сравниваю с доктором, здоровый вид которого пред больным и живая увлекательная речь доказывают о его вере в предлагаемое лекарство. А что если больной и возразит доктору, — как Вы говорите: «Часто нарочно непонимающие люди могут спрашивать то, что не нужно, и перебивать ход мысли», что весьма естественно, то это возражение вызовет со стороны врача только более подробные и убедительные доводы. — Как и поступали устные проповедники о правильной жизни, чего в книге нельзя сделать. Как фельдшер не может ни одного слова прибавить к рецепту, потому что ничего не понимает. Вид же фельдшера, не верующего в лекарства, растраивает только больного; он невольно думает, «почему же ты сам не вполне здоров, если это лекарство так полезно».

ment of these two (by their own admission) literate people is out and out wrong: if they hadn't found out about the illiteracy, all three would have parted friends. — Just as a contemporary lady with a hat and veil will not offer her hand to a tanned and bare-headed Tyrolian woman, failing to understand that a hat, or a fancy dress with a ribbon and stars, is only a 'passing fad' which does not enhance the intellect in the least. One can be literate and not understand anything, or *feel* anything, and, vice-versa, be illiterate and yet have a clear comprehension of what is going on around one. Literacy should not be considered a lever for people's mental development, especially their basic spiritual progress. — At the end of this letter I am attaching an excerpt from my diary, about the basic motive-force behind our evolution.

Now I shall answer your specific arguments as to the legitimacy of literacy. — In the first place you say: 'How often people do not read and do not want to comprehend what goes against their habits'. This is because for a patient who has finally given in to a disease, who cannot get up and take his medicine, it isn't enough to supply him with flasks filled with prescribed remedies, or send them to him by post; what is needed is the personal presence of the doctor, his advice, as well as his healthy, cheerful countenance — this is what inspires people. — This is why, as far as I can tell, the more genuine thinkers about truth have gone and helped sick people personally, instead of just [offering them] medicines. And Christ did not command [his followers] to sow the living word just because there was no book-publishing then — there had been publishing for several thousand years before Christ, only in different forms — but because he found the living word a more accurate means of communication, not only because of its simplicity but also the opposite, because of its complexity. One can read and copy what someone else has written, but one can really think and speak only one's own thoughts. Literacy has caused people to fall into a major blunder: often they take and read the Psalms when they have nothing in common with them, and so it is no wonder that the word is not inculcated in the listeners, 'they say and do not'.[2] — A writer and reader can be compared to a pharmacist who reads prescriptions and uses them to prepare medicines, one who often does not believe in his own actions but carries out his duties for material gain — for pay. I personally compare the thinker and speaker to the doctor, whose healthy countenance in front of the patient and charming words testify to his faith in the medicine he offers. And what if the patient should challenge the doctor, — as you say: 'People who don't understand, often on purpose, can ask unnecessary questions and break the train of thought', which is only natural, this very criticism will incite the doctor to even more detailed and convincing arguments. — Just like the oral preachers of a proper life did, which would be impossible in the case of books. Just as the pharmacist cannot add

14

— Мне часто замечают, когда я раздаю гуманитарные книжки или читаю их: «Почему же Вы сами не живете так, о чем читаете нам?» Я прямо отвечаю: «Я читаю или предлагаю Вам чужое». Положение — как видите, очень неудобное. Навязывать то, во что сам не веришь. Так же и писательство. Поистине сказать, сколько у нас есть писателей, которые писали бы свое? А не переписывали из уже написанного за тысячи лет? — Подумайте, разве необходимо писать на бумаге о вреде убийства, тогда как в нас внутренний голос призывает к милосердию, — разве непременно надо писать о равенстве, тогда как в нас в каждого положен залог Единения и Братства, — разве надо писать в печати о свободе — тогда как Дух, живущий в нас и поддерживающий нашу жизнь, есть естество свободное. Не писать надо об этом, а идти и жить так, как говорит нам внутренний голос. — Голос справедливости, а не зверства, в чем человек с помощью разума может разбират(ь)ся и без грамоты.

Люди, которые налагают чрез насилие неволю на себе подобных собратьев, делают это не потому, что они неграмотны, а потому, что не просвещены духовно — не хотят поддат(ь)ся внутреннему призыву, голосу совести. И для узурпатора никакая книга не поможет, если он только сам не просветится разумением невыгоды своего деспотичного нечеловечного положения. — Если и может иметь посредничество, то это пример живого кроткого человека же, а не мертвая книга, лежащая у деспота в кабинете.

Примите во внимание, что сталось с Евангелием, когда люди переписали на бумагу вместо живой сердечной истины, как завещал Христос: «Вот я написал закон в сердца Ваши и положу глагол в уста, идите и проповедуйте благоволение»[3].

Да и один ли Христос выразил это? — Дух, живущий в нас, постоянно призывает к закону Бога, но мы не решаемся доверит(ь)ся такой элементарной простой истине, а выдумываем иску(с)ственные путы, которые и загромождают путь к свободному существованию. — Скажите пожалуйста, разумно ли трактовать о свободе писать целые тома, не подразумевая того, что чрез это самое писание я держу миллионы людей в подземных рудниках для добывания принадлежностей, с помощью которых осуществляется грамотность. Или как было в древности: заставляли рабов выдалбливать на камнях (так назыв. скрижалях) цельные поэмы. В средние же века сдирали кожу с животных и писали на них (пергаменты). — Я считаю это все крупно назаконным. Без сему же подобной обстановки, грамотность неосуществима.

Польза грамотности мнимая польза — обманная. Если Вы согласны, что посредством книг вошло много вредного в человеческий быт, то почему непременно изощряться уничтожать этот вред книгами же, на что приводите не совсем логичную поговорку: «Клин клином и вышибают». — Если сознано, что кинжал вреден, то почему непременно старат(ь)ся уничтожить кинжал посредст-

one word to the prescription, because he doesn't understand anything. The countenance of the pharmacist who doesn't believe in the medicines only makes the patient feel uneasy; he unconsciously thinks: 'Why aren't you completely healthy yourself, if this medicine is so effective?' — When I give out or read humanitarian booklets, people often remark to me: 'Why don't you yourself live what you read to us about?' I reply frankly: 'I am reading or offering to you what someone else has written.' The situation, as you can see, is rather awkward. Asking others to do what you don't believe in yourself. So it is with writing. To tell the truth, how many writers do we have that write their own ideas? And not just transcribe what has been written for thousands of years? — Just think, is it necessary to write on paper about the danger of murder, when an inner voice within us calls us to show mercy? — Is it absolutely necessary to write about equality, when the seed of Unity and Brotherhood has been planted in each one of us? — Is it necessary to write in the press about freedom, when the Spirit which lives within us and supports our life is a free entity? There is no need to write about this, [the need] is to go and live according to what our inner voice tells us. — The voice of justice, not of animality, which we can learn with the help of reason even without being literate.

People who through violent means impose slavery on their fellow brethren do so not because they are illiterate but because they have not been educated spiritually — they are unwilling to submit to the inner call, the voice of conscience. And as far as the usurper is concerned, no book is going to be of any help if he himself has not been made to understand the futility of his despotic inhuman stand. — If there is to be any mediating influence, it will be the example of a living humble person, and not a dead book lying on the despot's desk.

Bear in mind what happened with the Gospel when people copied it on paper instead of the living heartfelt truth, as Christ commanded: 'Lo I have written [my] law in your hearts and will put the word in [your] mouths, go and preach good will.'[3]

Was Christ the only one to say this? — The Spirit dwelling within us is constantly calling us to the law of God, but we are reluctant to trust ourselves to such an elementary simple truth, but think up artificial fetters to encumber our progress toward a free existence. — Tell me, please, would it be reasonable [for me] to devote whole volumes to the subject of freedom to write, taking no account of the fact that by this very writing I am keeping millions of people in underground mines extracting the wherewithal to realise the goal of literacy? Or as in ancient times to have slaves hew out whole poems on stones (or tablets, as they were called)? In the middle ages they tore skins from animals and wrote on them (parchments). — I consider all that highly unlawful. But without such paraphernalia literacy would not be realisable.

вом же кинжала. Возможно водное пространство — пруд смыть притоком сверху воды же гораздо сильной, вместе с тем, я полагаю, возможно осушить местность другим путем: постепенным спуском пруда, и пространство чрез время зарастет великолепной травой.

Изречение Христа: «Что я говорю Вам на ухо, то будете говорить с крыши»[4], я понимаю, что это не есть писать. Здесь надо разуметь в буквальном слове: говорить, но говорить свободно, откровенно, не стесняясь никаких обстоятельств. — Христос же говорить тихо, как он выразился «на ухо», имел основании те, что учение любви он принес — в резкой форме, как бы в зародыше, и уместен был иногда прием тайного разговора в кругу Его слушателей, наполовину хотя бы уже и последователей, пока из одного человека, т. е. Христа, это учение не перешло во многих людей и укрепилось, посредством чего явилась бы возможность проповедывать явно, «говорить с крыши», не боясь захвата и уничтожения со стороны противников истины. Христос под сказанным изречением выразил то, что «когда почувствуете силу призвания, а также размножитесь и количественно, тогда слышанное секретно идите и говорите явно». Более же всего важен пример жизни. — Искренне скажу Вам, уважаемый друг Л. Н., изо всей Вашей жизни, насколько я Вас понимаю, мне нравятся не писания Ваши в форме книжных сочинений, а нравится Ваша жизнь, Ваш поступок — выход из искусственной жизни к естественной человечной. — Идеализируя в своем взгляде равенство-братство с низшим слоем народности, как Вы думали в то время Московской жизни, и не пойдите Вы в среду этого брата-народа, не слейтесь с ним материально фактически, Вы не заслужили бы такого — поистине сказать, достойного авторите(та) и хвалы как сейчас. Я думаю, что это мнение разделяют и многие знающие Вас. — Писать так, как Вы написали, можно было и в Москве, но жить так, как Вы сейчас живете в деревне, в Москве нельзя.

Вы говорите, что «посредством грамотности имеете общение со многими, в том числе и со мной», не знаю за других, за себя же скажу, это выражение неправильно. Искренно скажу, я любил и знал Вас раньше, чем Вы написали мне. — Для ясного понимания скажу так: я люблю всех добрых людей и всею душою стремлюсь к ним, и как бы выходит то, что я переживаю с ними одну общую жизнь, не принимая в расчет кто где, и у кого какое имя и много ли их. Я верю только в неограниченное количество добрых людей, т. е. в силу добра, и если Вы добр, тогда только я искренно люблю Вас. Письмо же Ваше конечно служит вестью и общением как более уже реальным фактом — по принятому мнению, но я повторяю, для меня более реален Дух, сила мысли — сила любви духовной, а не вещественной. — Такое общение — как Вы видите, только возможно при истинной духовной любви, обман

The advantage of literacy is an imaginary one — a misleading one. If you agree that books have been the means by which so much evil has come into human existence, then why must you too bend over backward using books to destroy this evil, citing the not entirely logical saying: 'Fight fire with fire'? — If you admit that a dagger is dangerous, why must you try to destroy the dagger by means of [another] dagger? It is possible to wash away a body of water — a pond [for example] — by a much stronger stream of water from above, but I submit that it is possible to dry out the place by another means, namely, the gradual lowering of the [level of water in the] pond, and in time the area will grow over with luxuriant grass.

Christ's saying 'What ye hear in the ear, that preach ye upon the housetops'[4] I don't take to mean writing. It must be taken in its literal sense: preach, but preach freely, openly, not being concerned about the circumstances. — For Christ to speak quietly — 'in the ear', as he expressed it, meant that he was imparting the teaching of love in a concentrated form, as if in an embryo, and sometimes secret conversation was a necessary measure in the circle of His listeners, at least half of whom were already his followers, until this teaching had gone from one person, i.e., Christ, to many people and had become stronger, so that it could be preached openly, preached 'from the housetops', with no fear of being arrested or wiped out by the opponents of truth. Christ was here saying that 'when you feel the power of the calling, as well as multiply in numbers, then go and preach openly what you have heard in secret'. The most important thing is the example of [your] life. — I tell you honestly, my esteemed friend, Lev Nikolaevich, out of your whole life, as far as I understand you, it is not your writings, in the form of literary compositions, that appeal to me, but rather your life, your actions, the way you left an artificial life for a natural human one. — If you had simply presented an idealised view of equality/brotherhood with the lowest levels of the populace, as you thought at the time you were living in Moscow, and hadn't gone into this brotherly people's own milieu, not actually mingled with them in real life, you would, to tell the truth, not have deserved the high authority and reputation you have now. I think this opinion is shared by many who know you. To write the way you have written — well, that could have been done in Moscow, but to live the way you are now living, in the country — in Moscow would be impossible.

You say that 'through literacy you can communicate with many, including me'. I don't know about other people, but as regards to me, that is not quite correct. I can honestly say that I loved you and knew you even before you wrote to me. — To put it clearly I will say it this way: I love all good people and strive to draw closer to them with all my heart, and somehow it turns out that I share a common life with them, regardless of who they are, where they may be, what their name is, and whether there are a lot of them or not. I be-

не возможен. Если же верить в силу грамотности, в силу бумаги, очень часто можно обманываться.

Встречая в печати о последнем движении в нашей общине на Кавказе, кореспонденты немного ошибаются в том — считая Христиан этой общины отказывающимися повиноват(ь)ся правительству, главная же основа в нашем убеждении не в том, чтобы не повиноват(ь)ся, а в том, что не распоряжат(ь)ся люд(ь)ми ни в какой форме — в особенности же где необходимо применять средства насилия. Правительство же поняло, что мы отказываемся служить; тогда как мы решили только не насиловать волю каждого — так сказать, живого существа, в особенности же человека. Старшины и десятские, отказавшись исполнять свои обязанности, выразили этим, что они не могут управлять волостями, то есть люд(ь)ми себе подобными, а не неповиноват(ь)ся старшим. — В принципе в нашем убеждении старшим всегда надо повиноват(ь)ся, а только *самим нельзя быть старшими.*

Сердечно благодарю Вас за желание помочь мне в необходимом. Пока ничего не нужно. Душевно желаю Вам всех благ от Господа Бога. — Я здоров, слава Богу, духовно и телесно. Лето в Обдорске сей год очень теплое и весна открылась рано: Май месяц уже был теплый, чего здесь почти не бывает. Лето я провожу немного за работой и физически. С весны выгружал из плотов дрова. Артель нас состояла из трех человек. Чтобы выбросать из воды и сложить в костры на берегу, платят за сажень по 20 коп. Потом выкатывали бревна. Такой труд дает от 60 до 80 коп. в день. — Клал в компании с каменщиком печи, на чем здесь в Обдорске заработок доходный: за русскую простую печь дают 15-20 р., за голландку до 30 р. — Сейчас недавно ездил 2-3 раза на покос, метать сено — помогать вдовам. — Небольшое неудобство в том, что отлучки мне совершенно воспрещаются. Зимою напр. я ездил два-три раза в окрестностях Обдорска за дровами, и наделал столько хлопот, что из Березова приезжал по этому делу чиновник и собирал дознания. Касаясь даже таких смешных вопросов «на что нужны были дрова Веригину». Чиновник житель Березовского Округа, где морозы доходят до 40-50°, несмотря на все это, есть люди, которые не знают, на что возят из лесу дрова.

Приехав в Обдорск, чрез недолгое время я арендовал избушку маленькую (раньше была кузница), обремонтировал ее и стал жить. Полицейское упр. воспретило мне, предложило взять квартиру «жилую» и заставило вместо $1^1/_2$ р. платить 6 рублей в месяц. — Положим в этом выразился только местный грубый произвол полицейских агентов, на что я смотрю хладнокровно. — Мне официально предъявлено, чтобы не выезжал никуда из Обдорска (под этим выездом надо понимать черту городского поселения). Я могу с этим мирит(ь)ся, потому что, по своим убеждениям пита-

lieve only in an unlimited number of good people, that is, in the power of good, and if you are good, only then do I sincerely love you. Of course your letter serves as a report or communication of what is already an established fact (according to accepted opinion), but I repeat: for me the greater reality is the Spirit, the power of thought — the power of spiritual love, rather than love of things. — Such communication, as you see, is only possible through true spiritual love, where deception is impossible. If, however, one believes in the power of literacy, the power of paper, it is quite often possible to be deceived.

In their press reports about the latest movement in our community in the Caucasus correspondents are somewhat mistaken when they say the Christians of this community refuse to obey the government, as the main tenet of our convictions is not to disobey but to avoid giving orders to people in any form, especially when it comes to using forcible means. The government knows that we refuse military service, inasmuch as we have simply decided not to violate the rights of any, so to speak, living creature, especially human beings. By refusing to carry out their duties, our elders and community law enforcers have stated that they are not in a position to govern their districts, i.e., people like themselves, not that they would disobey their elders. — In principle, according to our convictions, elders must always be obeyed; it is only that *we must not be elders ourselves.*

I thank you most heartily for your wish to help me with any need. Nothing is needed at the moment. My warmest wishes to you for all blessings from the Lord God. — I am healthy, thank God, in spirit and body. Summer in Obdorsk this year has been very warm and spring came early: even the month of May was warm, which almost never happens here. I am spending the summer doing a little manual work besides. In the spring I began unloading wood from the rafts. Our artel was made up of three people. For tossing the wood out of the water and making fires on the shore they pay 20 kopeks a sazhen.[5] Then we rolled out the logs. This kind of work pays 60–80 kopeks a day. — I have worked alongside a stonemason building stoves; for a simple Russian stove they pay 15–20 roubles, up to 30 roubles for a Dutch stove. — I have gone haying a couple of times, helping widows mow hay. — A small inconvenience is that I am under strict orders not to leave [the settlement]. [Last] winter, for example, I went a couple of times to the outskirts of Obdorsk to get wood, and this raised such a fuss that an official came out from Berezov to look into it and collect depositions. Even on such silly questions as 'What would Verigin need wood for?' The official lives in the Berezov District, where it gets down to minus forty or fifty; but in spite of all that, there are still people who don't know why people collect wood from the forest.

When I arrived in Obdorsk, I soon found a small hut to rent (it

ясь растительной пищей, считаю неуместным ловлю рыбы. Край же живет здесь исключительно рыбными промыслами. Для меня такие выезды и не нужны для добывания хлеба, если и могу я что работать, то здесь же в селении поденным трудом можно зарабатывать пропитание. — Для обыкновенного же человека такое узкое стеснение было бы совершенно неуместно. Повторяю, край только и живет рыбой и Вам не позволяют пойти за три-четыре версты, чтобы поставить сетки.

Я все ожидаю, меня должны поселить где растет хлеб, или вообще где можно занят(ь)ся сельским хозяйством, на что я имею способности. И на такое снисхождение со стороны правительства я вполне расчитываю: ведь уже скоро десять лет (в 97 г.), как они держат меня безо всякой правильной физической деятельности, что влияет вредно, конечно, и на нравственную систему. Впрочем находясь в (с)сылке, я приобрел много и полезного, напр.: изучил почти вполне северный край, в полном его быте. Самое же важное за это время, от нечего делать, я присмотрелся к самому себе, и хотя настояще еще и не узнал, но постепенно изучаю; чего бы при организованном одностороннем физическом труде не совсем удобно достичь. — Средства мне с родины до сих пор присылали, в последних же письмах я предупреждаю родных, чтобы они этого не делали. Думаю, если такому физически здоровому человеку как я не доставать самому на пропитание, то будет очень стыдно. Тем более, что аресты в нашей общине продолжаются, влекущие за собой ослабление материального быта семьи. Недавно начали садить в тюрьмы и женщин. — Вопрос о «непротивлении злу насилием» я считаю — в своем убеждении, вполне оконченным, за что от лица полной общины приношу и Вам искренную душевную признательность. Вы, дорогой брат Лев Николаевич, сделали как человек за себя много и много в наш век. — Соглашаюсь вполне с Вашим мнением — каким бы путем ни достигнуто, т. е. не сделано было доброе дело.

Передайте душевный привет всем знакомым, желаю братски Вам всех благ от Бога.

Петр Веригин.

P. S. Пишите мне, если будете настолько любезны. — Письма по почте от Вас я не получил[5].

Ваш Петр.

1го Авг. 96 г.
Село Обдорск.

used to be a smithy), remodelled it and began living there. The police authorities wouldn't allow it, they told to me to rent a 'residential' apartment, and made me pay 6 roubles a month instead of 1ª. — I suppose it was just an expression of the high-handed rudeness of the local police, which I am indifferent to. — I was put on official notice that I must under no circumstances leave Obdorsk (meaning the boundary of the populated settlement). I can live with this, since according to my convictions I feed myself from plants, I don't feel it is right to fish. But the region here lives exclusively off the fishing industry. I don't have to leave the settlement to get bread, if only I can get some work, one can earn one's living here in the settlement doing day-labour. — But for an ordinary person such a restriction would be quite intolerable. As I said, the region lives off fish and they won't even let you travel three or four versts to set your nets.

I still hope they will give me a place to live where I can grow bread, or do some kind of agricultural work, which I have the talent for. And I am not in the least surprised by such condescension on the part of the government: after all, it will soon be ten years (in 1897) that I have been deprived of real physical activity, which of course has a bad effect on one's moral disposition. Anyway, being in exile I have learnt a lot of useful things, for example, I have studied almost the whole northern land, in all its aspects. Most importantly, since I have had nothing to do, I have been examining myself, and even though I haven't learnt everything yet, my study is progressing gradually — something it's quite an effort to do when you're involved in organized, unvarying physical labour. — So far people at home have been sending me money, but in my latest letters I have been telling them not to do that. I think it's quite shameful if a physically healthy person like myself can't earn my own living. Especially since the arrests in our community are continuing, which means the family's finances are getting shaky. Lately they've begun imprisoning the women too. — The question of 'non-violent resistance to evil' is completely answered to my mind, for which I offer you, on behalf ot the whole community, our sincere and heartfelt gratitude. You, dear brother Lev Nikolaevich, have personally done a great deal for our age. — I completely agree with your opinion — no matter how you look at it, no good deed was done.

Warmest greetings to everyone I know, and I wish you in brotherhood all blessings from God.

Peter Verigin.

P. S. Write to me, if you would be so kind. — I did not receive from you any letter in the mail.[6]

Yours, Peter.

1st Aug. '96
Village of Obdorsk.

Выписка из дневника

Все видимое нами есть отпечаток Творца, высшей воли. Чрез видимые образы, как чрез призму, проходит величие — воля Творца, запечатлеваясь в нашем разуме. Как тень человека на фотографическом стекле. — Иначе сказать, мы Бога можем видеть в Его творениях.

Разум, мысль, воля — это идеальное, все формы-образы, видимые нашей мыслью — это реальное. Разум-воля, соприкасаясь с реальным — то есть как бы с действительными материями, получается гармония: рассудка, отчета, а следовательно, и действительности. Без материи мысль витала бы в пространстве (если возможно такое допустить) и не имела бы опоры. — Идеализм-воля есть птица, реальность-материя — дерево. Птица, как бы легко и быстро ни летала в воздухе, но должна сесть и отдохнуть.

Воля Божественная и человеческий разум однородны, а потому мы на каждую форму, на каждую материю, невольно обращаем внимание, это и есть Божественная тайна, мировой закон. Обращая внимание на призму, мы стараемся проникнуть-рассмотреть, что за ней есть, и тем самым стремимся соединиться с однородным нам естеством, или знать его. Мозги наши, повторяю, есть стекло, на которых запечатлевается тень видимых предметов, и мы ясно различаем образ того, кого желаем видеть.

Чем более видимых образов, тем более восторженности (в нас), любознательности-любопытства, что и возвышает нашу душу.

В каждом существующем предмете есть присутствие Бога, — потому что Бог есть жизнь, а что существует, то и живет. — Софистики напрасно домогаются пересоздать (в своем убеждении) Бога, называя Его природой. — Природа и есть Бог.

Наша земля, разрушившись — в следствии своей старости, нельзя полагать, что с этим бы прекратилось бытие Бога, потому есть еще *масса* миров, в которых Он будет существовать. Все существующие миры помирая, в замен их будут возрождаться новые, а следовательно Бог вечен.

Веровать в Бога — значит веровать в жизнь. Я верую и живу. Истинно веровать в Бога — веровать в жизнь — значит стремиться к вечной жизни. Хотя и все живет и следовательно все верует в Бога, в жизнь, но отчетливый идеал о бессмертии жизни свойствен более разумному существу, как напр. человеку. — Желать жить вечно всецело от нас зависит, от нашей веры в жизнь, веры в Бога. Слабый пример, о значении веры, о желании жить, можно указать на следующем: животное, случайно попавшее в воду, страстно начинает биться, посредством этого выражается вера, желание жить, и не тонет. — Вера в жизнь спасает животное.

Зародыш веры в жизнь в нас положен, доказательством служит то, что мы живем. — Развить же веру в жизнь, веру в Бога,

Diary excerpt

All that is visible to our eyes is the imprint of the Creator, the supreme will. Through visible images, as through a prism, comes the majesty — the will — of the Creator, imprinted in our mind. Like the shadow of a person on a photographic plate. — In other words, we can see God in His creations.

Mind, thought, will — that is the ideal, and all the image-forms seen by our thought — that is the real. When the mind or will comes into contact with the real — that is, with actual matter, harmony obtains: the harmony of reason, of report, and hence of reality as well. Without matter thought would lose itself in space (if it is possible to imagine such a thing), and have no support. — Idealism or the will is a bird, reality or matter is a tree. The bird, no matter how easily and quickly it flies in the air, must still alight and rest.

The Divine Will and the human mind are of similar origin, and so we involuntarily pay attention to every form, to every [manifestation of] matter — that is a Divine secret, a universal law. In considering a prism, we try to penetrate and examine what lies behind it; by the same token we strive to unite with an entity similar to ourselves, or [at least] to know it. Our brain, as I indicated, is a glass plate, on which are imprinted the shadows of visible objects, and we distinguish clearly the image of what we wish to see.

The more visible images there are, the greater the exhilaration (in us), and the greater our]curiosity and inquistiveness, which also uplifts our soul.

In every object that exists there is the presence of God, since God is life, and what exists also lives. — The Sophists strive in vain to re-create God (in their opinion), calling Him Nature. — Nature is God too.

If our earth should be destroyed, because of old age, it cannot be supposed that the existence of God would thereby end as well, since there are still *masses* of worlds, in which He will continue to exist. Even if all existing worlds should die, in their place new ones would arise, hence God is eternal.

To believe in God means believing in life. I believe and I live. To truly believe in God — to believe in life — means striving for eternal life. While everything lives and hence everything believes in God, that is, in life, the distinct ideal of the immortality of life belongs to a more rational entity, for example, man. — The desire for eternal life depends entirely on us, on our faith in life, our faith in God. A small example of the meaning of faith, of the desire to live, may be seen in the following: an animal that happens to fall into the water vigorously begins to struggle, thereby expressing faith, the desire to live, and doesn't drown. — The animal is saved by faith in life.

The embryo of faith in life has been planted in us to serve as a proof that we live. — But developing this faith in life, faith in God,

повторяю, всецело зависит от нас, от нашего желания. Пожелаем мы жить вечно — слиться с Божественным началом, которое Христос называет Отцом, и будем жить — жить вечно; не желаем — помрем, то есть в действительности свершится то, что мы сами желаем. — При нежелании жить, за которым следует разрушение, отбирается даже тот талант, который был дан нам как зародыш и который мы держали бесполезно, бесплодно.

Вера-мысль есть тончайшая стрела отвлеченного психического свойства. — Как стрела, пущенная из лука, или свинцовая пуля достигает, по желанию стрелка, своей цели, также и острая серьезная мысль на известный предмет, — конечно одушевленный, не останется без значения, не принимая в расчет никакие даже расстояния. — Отсудова и происходит очень часто, так сказать, экстренная любовь взаимная. Встречающиеся иногда чуть не вскрикивают, — не говоря о том, что духовно они поражены друг другом. — Такие случаи можно объяснить влиянием любви самых тончайших фибр духа. — Человек строит себе обожаемый идеал и наконец начинает боготворить его, и если идеал этот только существует, дух желания, поклонения или господства, найдет его и взаимно заставит его быть близким. — Тот человек — мужчина или женщина (а иногда и однополы) — начинает безотчетно ощущать какое-то призвание и наконец над собою власть. Встреча же в реальной форме только дополняет уже существующую близость. Если же любовь-симпатия зарождается после обыкновенных встреч и знакомства, то влияние упрощается до ясности. Отсудова вытекает то, что возраст очень часто не имеет значения. Молодые девушки влюбляются в стариков (я говорю о истинной любви, но не о деньгах), потому что желание старика заставило покориться ту на десятки лет моложе его девушку, или наоборот. Такое влияние возможно только при истинной любви духовной, но не при игре фантазий.

Много доказано фактов, что лошадь, выведенная первый раз из конюшни, ржала и покорялась пред подходящим к ней ездоком, тогда как других бы людей — физически даже более сильных, она не подпустила к себе. Уверенность же всадника и непременное желание иметь такую лошадь, обуздывают и покоряют строптивость животного. — При общении же с животными они просто делаются близкими и начинают любить человека; здесь действует тоже однородное свойство, сила любви, мысли-духа. — Соглашаясь со всем высказанным, вполне можно допускать о действительности повествований, что пустынникам часто покорялись медведи и львы.

П. Веригин.

Обдорск
1896 г.

as I have said, depends entirely on us, on our desire. If we desire eternal life, to merge with the Divine principle, which Christ calls Father, we shall indeed live — live eternally; if we do not desire this, we shall die; meaning that what we ourselves desire will actually come to pass. — A lack of desire to live leads to destruction, and we lose even that talent which was given to us as an embryo and which we have held fruitlessly without using it.

The thought of faith is a fine-honed arrow of an abstract mental trait. — Like an arrow shot from a bow, or a leaden bullet, it reaches its target as desired by the marksman, so does serious thought concentrated on a known object — an animate one, of course, and will not remain without significance as long as it does not take any kind of distances into account. — It is from this that very often arises, so to speak, extraordinary mutual love. The pair upon meeting almost cry aloud, not to mention the fact that they have been struck with one another spiritually. — Such instances can be explained by the influence of the love exuded by the most delicate fibres of the spirit. — People create for themselves their most adorable ideal and finally begin to deify it, and if this ideal but exists, the spirit of desire, worship or supremacy will find it and cause mutual attraction. — The person — either a man or a woman (sometimes both of the same gender) — unaccountably begins to feel some kind of attraction and finally power taking over. The actual meeting then only complements an already-existing closeness. And if the love or mutual feeling should arise after the usual encounters and getting acquainted, this influence is simplified to the point of clarity. It follows that age very often is not significant. Young girls may fall in love with old men (I am talking about true love, not about money) because the old man's desire has subjugated this girl many years his younger, or vice-versa. Such an influence is possible only in the case of true spiritual love, not in the play of fantasy.

There is a lot of evidence showing that a horse led out of the stable for the first time will neigh and submit to the approaching rider, while not letting other people get near him, even if they are physically stronger. The horseman's confidence and resolute desire to possess such a horse restrains and overcomes the animal's obstinacy. — Communication with animals helps them draw [the animals] closer and they begin to love the person [communicating with them]; here a similar factor is at work, the power of love, of thought or spirit. — If you agree with all this, then you can completely accept the veracity of stories about wilderness-dwellers frequently taming lions and bears.

P. Verigin.

Obdorsk
1896

В архиве Л. Н. Толстого сохранилось два автографа этого письма и выдержек из дневника Веригина: беловой, отправленный Толстому, по почте «через полицию», и черновой, посланный Е. И. Попову вместе с письмом к нему от 17 августа 1896 г. (Попов переправил Толстому копию с этого письма и черновики Веригина).

[1] Евангелие от Матфея, 12:34.

[2] От Матфея, 23:3.

[3] См.: Иеремия, 31:33, Евангелие от Марка, 16:15.

[4] От Матфея, 10:27.

[5] Речь идет о *письме 1*. Подлинник его остается неизвестным; в Тобольском музее сохранилась копия.

Первая страница письма П. В. Веригина к Л. Н. Толстому, 1.VIII.1896 г.
First page of Peter Verigin's letter to Tolstoy, 1 August 1896

In the Tolstoy archives there are two autographs of this letter and the excerpts from Verigin's diary: a good copy which was sent to Tolstoy, through the 'police mail' and a rough copy, sent to Popov along with a letter to him of 17 August 1896. (Popov forwarded to Tolstoy a copy of this letter as well as Verigin's rough copies.)

[1] St Matthew's Gospel 12:34.

[2] St Matth. 23:3.

[3] See Jer. 31:33, St Mark 16:15.

[4] St Matth. 10:27.

[5] *sazhen* — a stack of wood a little over two metres long.

[6] The reference is to Letter No 1. The whereabouts of the original are still unknown; a copy has been preserved in the Tobol'sk Museum.

Первая страница Выписки из дневника П. В. Веригина (1896 г.)
First page of Peter Verigin's Diary Excerpt (1896)

3. Л. Н. Толстой — П. В. Веригину
14 октября 1896 г. Ясная Поляна.

Дорогой друг.

Вчера получил Ваше письмо и спешу отвечать. Письма до Вас и от Вас ходят долго, а жить мне остается недолго. В Ваших доводах против книги очень много есть справедливого и остроумного — сравнение с фелдшером и врачом, — но все они неосновательны, главное, потому что Вы сравниваете книгу с живым общением так, как будто книга исключает живое общение. В действительности же одно не исключает другое, и одно помогает другому. По правде скажу Вам, что Ваше упорное возражение против книги показалось мне исключительным сектантским приемом защиты раз принятого и высказанного мнения. А такая исключительность не сходится с тем представлением, которое я составил себе о Вашем уме и, главное, Вашей сердечности и искренности. Бог ведет людей к себе и исполнению своей воли всеми путями: и сознательным, когда люди стараются исполнять Его волю, и бессознательным, когда они делают, как думают, свою волю. Для совершения воли Бога, для установления Его царства на земле, нужно единение людей между собой, чтобы все были едины, как Христос сознавал себя единым с Отцом. Для этого же единения нужно: одно, внутреннее средство: познание и ясное выражение истины, такое, как то, которое было сделано Христом, которое соединяет всех людей, и другое, внешнее средство: распространение этого выражения истины, которое совершается самыми разнообразными путями: и торговлей, и завоеваниями, и путешествиями, пешком и по железным дорогам, и телеграфами, и телефонами, и книгой, и еще многими другими способами, из которых некоторые, как завоевания, я должен отрицать, но другие, как книгу и быстрые способы сообщения, я не имею основания отрицать и, если не хочу лишать себя удобного орудия служения Богу, не могу не пользоваться. То же возражение, что для книги и железной дороги нужно лезть под землю за рудой и в доменную печь, то это же нужно делать и для сошника, лопаты, косы. И в том, чтобы лезть под землю за рудой или работать у доменной печи, нет ничего дурного, и я, когда был молодым, да и теперь всякий хороший молодой человек охотно полезет из молодечества под землю и будет работать железо, если только это не будет принудительно и будет продолжаться не всю жизнь по 10 часов и будет обставлено всеми удобствами, которые придумают наверно

3. L. N. Tolstoy to P. V. Verigin
14 October 1896. Yasnaya Polyana.

Dear Friend.

I received your letter yesterday and hasten to reply. Letters both to you and from you take a long time, and I have not that long to live. There is much that is just and witty in your arguments against books — the comparison with the pharmacist and the doctor — but they are all groundless, mainly because you compare books with live communication as if books excluded live communication. In fact one does not exclude the other, they help each other. To tell you the truth, your stubborn resistance to books seemed merely a sectarian habit of defending a position once it has been adopted and declared. But this exclusivity does not fit the picture I have drawn of your intellect, especially of your cordiality and sincerity. God leads people to himself to do His will in all sorts of ways: both conscious, when people try to do His will, and unconscious, when they are doing what they think is their own will. To do God's will, to establish His kingdom on earth, people must be united among themselves, so that all may be one, as Christ recognised himself as one with the Father. To reach this kind of unity one must follow first, the inner path — the knowledge and clear expression of truth, as Christ showed us, which unites all people, and secondly, the external path of spreading this message of truth, which is effected in all sorts of various ways: by trade and conquests, by travels on foot and by rail, by telegraph and telephone, and by books, as well as many other means of communication. Some of the latter — conquests, for example — I am obliged to reject, but others, such as books and quick communication devices I have no right to reject, and cannot help using if I do not wish to deny myself a handy tool whereby to serve God. The same objection you make in regard to books and the railway, about having to go underground for minerals and [process them] in a blast-furnace, the same could be said about making ploughshares, spades and scythes. And there is nothing wrong with going underground for minerals or working with blast-furnaces, and when I was young, or as any young man today will gladly crawl boldly underground and dig out the ore, just as long as it is not forced upon him and does not continue ten hours a day his whole life long and he is provided with all the comforts people have thought up, as long as everybody works, and not just hired slaves. Well, let's not talk any more about that, but do believe me that in writing this to you, I am not writing simply because I have

люди, если только все будут работать, а не одни наемные рабы. Ну, не будем больше говорить об этом, но только верьте мне, что если я пишу Вам то, что пишу, то никак не потому, что я много писал книг и пишу еще, — в том, что самая простая хорошая жизнь дороже самых прекрасных книг, я всей душой согласен с Вами — и не потому даже, что благодаря книгам я вхожу в общение — как нынешней осенью с индусом, разделяющим совершенно наши христианские воззрения и приславшим мне английскую книгу своего соотечественника[1], излагающую учение браминов, совпадающее с сущностью учения Христа, и еще вошел в общение с японцами, исповедующими и проповедующими чистую христианскую нравственность, из которых двое на днях посетили меня[2]. Не это побуждает меня не соглашаться с Вами и не отрицать книгопечатание, так же как железные дороги, телефоны и.т.п., а то, что когда я вижу на лугу муравейную кочку, я никак не могу допустить, чтобы муравьи ошибались, взрывая эту кочку и делая все то, что они делают в ней. Точно так же, глядя на все то, что в матерьяльном отношении сделали люди, я не могу допустить, что все это они сделали по ошибке. Как человек (а не муравей), я в человеческой кочке вижу недостатки и не могу не желать исправить их — в этом состоит мое участие в общей работе, — но желаю я не уничтожить всю кочку человеческого труда, а только правильнее разместить в ней все то, что размещено в ней неправильно. И неправильно размещенного в человеческой кочке очень много, о чем я писал и пишу, болел и болею и стараюсь по мере сил изменить. Неправильно в нашей жизни, во-первых и прежде всего, то, что средство поставлено целью, что то, что должно быть целью — благо ближнего — поставлено средством, т.е. что благо человека, самая жизнь его, жертвуется для произведения орудия, нужного иногда всем людям, а иногда нужного только для прихоти одного человека, как это происходит, когда жизни человеческие губятся для производства нужных только некоторым, а иногда и никому ненужных и даже вредных предметов. Неправильно то, что люди забывают, забыли, или не знают, что не только для производства зеркала, но ни для каких самых важных и нужных предметов — как сошник, коса, не может и не должна быть погублена не только жизнь, но не может быть нарушено счастье ни одного самого кажущегося ничтожным человека, потому что смысл жизни человеческой только в благе всех людей. Нарушить жизнь и благо какого-нибудь человека для блага людей все равно, что для блага животного отрезать у него один член. В этом страшная ошибка нашего времени; не в том, что есть книгопечатание, железные дороги и.т.п., а в том, что люди считают позволительным пожертвовать благом хоть одного человека для совершения какого бы то ни было дела. Как только люди потеряли смысл и цель того, что они делают (цель только одна: благо ближнего), как только решили, что можно пожертвовать жизнью и

written many books and am still writing them — I agree with you that the simplest good life is worth more than the finest books — and not even just because books have made it possible for me to make contact — this autumn, for example — with a Hindu who completely shares our Christian outlook and who sent me an English book written by a compatriot[1] of his, explaining the doctrines of the Brahmins which co-incide with the essence of Christ's teachings, as well as to contact some Japanese people who confess and preach pure Christian morality, two of whom came to visit me a few days ago.[2] This is not what leads me to disagree with you and refuse to reject the printing of books, along with the railway, the telephone etc., but something else: when I look at an anthill in a meadow, I cannot bring myself to suppose that the ants were mistaken in ploughing up this anthill and doing everything they do in it. Just the same, when I look at everything people have done materially, I cannot suppose that they have done everything by mistake. As a person (and not an ant) I see deficiencies in the human hill which I cannot help wanting to correct — hence I participate in the general work — but I don't want to destroy the whole hill of human labour, I only want to rearrange whatever has been arranged improperly therein. And there is a great deal that has been improperly arranged in the human hill, which I have written and continue to write about, which I have been and still am concerned about, and try as best I can to change. What is wrong in our life, first and foremost, is that the means has been established as a goal, while what ought to be a goal — the well-being of one's neighbour — has been established as a means, i.e., that a person's well-being, his very life, is sacrificed for the production of equipment, which is sometimes necessary for everyone, but at other times only to satisfy the whim of a single individual, when human lives are lost for the production of what is needed only by a few, and sometimes even of harmful things, which no one needs. It is wrong that people forget, have forgotten, or do not know that in producing not only [something like] a mirror, but even the most needed and important objects like a ploughshare or a scythe, there should be no loss either of life or of the happiness of even a single most insignificant--looking human being, because the meaning of human life lies only in the well-being of all people. To destroy the life and well-being of any individual for the sake of everyone's well-being is like cutting off an animal's limb for the sake of its well-being. This is the terrible mistake of our time: not the fact that we have book-printing, railways, etc., but that people consider it permissible to sacrifice the well-being of even a single individual for the achievement of a particular cause, whatever it might be. Once people lose the sense and purpose of what they do (there is only one purpose: the well--being of one's neighbour), once they decide that they can sacrifice the life and well-being of some old man or even an idiot whose life is a burden to everyone, then it is possible to sacrifice someone who is

благом живущего всем в тягость старика или хоть идиота, так можно пожертвовать и менее старым и менее глупым и нет предела, на котором должно остановиться, можно всем жертвовать для дела. Вот это неправильно, и с этим надо воевать. Надо, чтобы люди понимали, что, как ни кажутся нам полезными и важными книгопечатание, железная дорога, плуг, коса, не нужно их и пропади они пропадом до тех пор, пока мы не научимся делать их, не губя счастие и жизнь людей. В этом весь вопрос и в этом вопросе обыкновенно путаются люди, обходя его то с той, то с другой стороны. Одни говорят: вы хотите уничтожить все то, что с таким трудом приобрело человечество, хотите вернуть нас к варварству, во имя каких-то нравственных требований. Нравственные требования неправильны, если они противны благосостоянию, которого достигает человечество своим прогрессом. Другие говорят — я боюсь, что Вы этого мнения, и мнение это приписывают мне, — что так как все матерьяльные усовершенствования жизни противны нравственным требованиям, то все эти усовершенствования сами по себе ложны и надо их оставить. Первым возражателям я отвечаю, что уничтожать ничего не нужно, а нужно только не забывать, что цель жизни человечества есть благо всех и что поэтому, как только какое-нибудь усовершенствование лишает блага хоть одного, это усовершенствование надо бросить и до тех пор не вводить, пока не найдется средство производить его и пользоваться им, не нарушая блага хотя бы одного человека. И я думаю, что при таком взгляде на жизнь отпадет очень много пустых и вредных производств, для полезных же найдутся очень скоро средства производить их, не нарушая блага людей. Вторым возражателям я отвечаю, что человечество, перейдя от каменного периода к медному, железному и потом дойдя до теперешнего своего матерьяльного положения, никак не могло ошибаться, а следовало неизменному закону совершенствования, и что вернуться ему назад не то что нежелательно, но так же невозможно, как сделаться опять обезьяною, да и что задача человека нашего времени состоит совсем не в том, чтобы мечтать о том, чем были люди и как бы им опять сделаться такими, какими они были, а в том, чтобы служить благу людей, теперь живущих. Для блага же теперь живущих людей нужно то, чтобы одни люди не мучали и не угнетали других, не лишали бы их произведений их труда, не принуждали бы их работать ненужные им вещи или такие, которыми они не могут пользоваться, главное, не считали бы возможным и законным во имя какого бы то ни было дела или матерьяльного успеха, нарушать жизнь и благо ближнего, или, что то же самое с другой стороны — нарушать любовь. Только бы люди знали, что цель человечества не есть матерьяльный прогресс, что прогресс этот есть неизбежный рост, а цель одна — благо *всех* людей, что цель эта выше всякой цели матерьяльной, которую могут поставить себе люди, и тогда все

not quite as old or not quite as stupid, and there is nowhere to draw the line, anyone can be sacrificed for a cause. This is wrong, and must be fought against. People must realise that no matter how useful and important book-printing, railways, ploughs or scythes seem to be, we do not [really] need them and they can just as well disappear until we learn how to make them without destroying people's lives and happiness. This is the crux of the matter, which people tend to skirt around on one side or the other and get confused. Some say you want to destroy everything mankind has worked so hard to achieve, you want to take us back to the days of barbarism in the name of some sort of moral law, that moral law is wrong if it is inimical to the state of well-being mankind has achieved through its progress. Others say — and I fear you may be of this opinion, it is one people ascribe to me — that since all material improvements in life contradict the moral law, all these improvements are in and of themselves false and so must be rejected. To the first group of critics I reply that we don't need to destroy anything, we only need not to forget that mankind's purpose in life is the well-being of all and therefore, if some improvement denies even a single individual's well-being, then that improvement must be thrown out and not introduced again until we find some means of producing and using it without violating even a single individual's well-being. And I think that such an approach to life would eliminate a great many of the useless and harmful products, while ways would be found very soon to produce the useful ones without violating people's well-being. To the second group of critics I reply that in progressing from the stone age to the bronze age, the iron age, and eventually reaching its present material state, mankind could not possibly have been mistaken, but has been following an immutable law of self-perfection, and that turning back the clock is neither desirable nor possible, any more than is returning to apehood; moreover, man's task at the present time is not dreaming about what people once were and how to make them again that way, but in providing for the well-being of people who are living today. And the well-being of people who are living today requires them not to torture or oppress others, not to deprive them of the fruits of their labours, not to force them to work [to produce] things they don't need or cannot use, but most importantly, not to consider it possible or legitimate in the name of some cause or material success to destroy the life and well-being of one's neighbour, or, what is the other side of the coin, to violate love. Once people realise the purpose of mankind is not material progress, that this progress is inevitable growth, and that there is only one purpose — the well-being of *all* people, that this purpose is higher than any material purpose people can set for themselves, then everything will be in its proper place. And it is to this [end] that people of our time must direct their whole effort. Whining about the fact that people today can't live without tools, like wild animals, living off fruits, is like me, an old

станет на свое место. И вот на это-то и должны люди нашего времени направлять все свои силы. Плакаться же о том, что люди не могут теперь жить без орудий, как лесные звери, питаясь плодами, все равно, что мне, старику, плакаться о том, что у меня нет зуб и черных волос и той силы, которая была в молоости. Мне надо не вставлять зубы и подкрашивать волосы и не делать гимнастики, а стараться жить так, как свойственно старику, ставя на первое место не дела мирские, а дело Божье — единения и любви, допуская дела мирские только в той мере, в которой они не мешают делу Божьему. То же надо делать и человечеству в его теперешней поре жизни. Говорить же, что железные дороги, газ, электричество, книгопечатание вредны, потому что из-за них губятся людские жизни, все равно, что говорить, что пахать и сеять вредно только потому, что я не во-время вспахал поле, дал ему зарасти, а потом посеял, не запахав, т.е. сделал раньше то, что следовало бы сделать после.

Очень мне было радостно то, что Вы пишете о своей жизни и о том, как Вы, прилагая к ней то, что исповедуете, и в тех тяжелых условиях, в которых находитесь, трудом добываете пропитание. Ни в чем, как в этом, не познается искренность человека. Я очень плох в этом отношении стал теперь: так окружен я всякой роскошью, которую ненавижу и из которой не имею сил выбиться. Поэтому Ваш пример поддерживает меня, и я все-таки стараюсъ.

Спасибо, что прислали выписку из дневника. По случаю выраженных там Ваших мыслей хотелось поделиться с Вами некоторыми соображениями в этом же направлении. Сделаю это в другой раз.

Прощайте пока, пожалуйста, не позвольте себе недоброму чувству подняться против меня за возражения мои на ваши мысли, выраженные не только в письме ко мне, но и в письме к Евгению Ивановичу[3]. Вы мне очень дороги, и я стараюсь как можно прямее, по-братски относиться к Вам.

Любящий Вас друг Лев Толстой.

14 окт. 1896.

---

[1] В дневнике 14 сентября 1896 г. Толстой записал: «За это время было письмо от индуса Тода и прелестная книга индийской мудрости Joga's Philosophy» (Т. 53, С. 106). Тод прислал книгу: «Joga's Philosophy. Lectures on Râja Joga or conquering internal nature. By Swâmi Vivekânanda», N.-Y., 1896.

[2] В конце сентября 1896 г. в Ясную Поляну приезжали японский писатель Токутоми Софо, редактор журнала «Кокумин но томо» («Друг народа»), и сотрудник этого журнала Фукаи. Их рекомендовал Толстому

man, whining about the fact that I no longer have teeth or dark hair, or the strength I had in my youth. What I need to do is not to put in teeth or dye my hair or do physical exercise, but rather to try to live the way an old man should, giving priority not to worldly matters but to God's business — i.e., to unity and love, to accept worldly matters only insofar that they do not interfere with God's business. This is what mankind too needs to do at its present time of life. To say that railways, gas, electricity and printing of books are harmful since people's lives are lost because of them is like saying that ploughing and sowing are harmful simply because I didn't get the field ploughed in time, but allowed it to grow over and then sowed without ploughing, i.e., I did first what I should have done later.

I was so glad [to read] what you write about your life and about how, by applying to it the [teachings] you confess, you manage to eke out a living for yourself even in the difficult conditions in which you find yourself. There is nothing like this to show how sincere a person really is. I have become rather poor at doing this, surrounded as I am by all sorts of luxuries which I hate but have not the strength to extricate myself from. Hence your example is a support to me, and I keep on trying.

Thank you for sending the excerpt from your diary. In regard to the thoughts you express there, I should like to share with you some [of my own] ideas along this line. I shall do so at another time.

Farewell for now, and please don't let any bad feeling rise up against me for criticising the thoughts you expressed, not only in your letter to me but also in the one you wrote to Evgenij Ivanovich.[3] You are very dear to me and I am trying to be as frank with you as possible, in a brotherly way.

Your loving friend, Leo Tolstoy.

14 Oct. 1896

---

[1] In his diary of 14 September 1896 Tolstoy noted: 'During this time there was a letter from the Hindu Tod and a marvellous book on Indian wisdom, *Joga's Philosophy*' (Vol. 53, p. 106). The book Tod sent was entitled: *Joga's Philosophy. Lectures on Râja Joga or conquering internal nature*, by Swâmi Vivekânanda (New York, 1895).

[2] At Yasnaya Polyana at the end of September 1896 Tolstoy received a visit from the Japanese writer and editor of the journal *Kokumin no tomo* (Friend of the People) Tokutomi Sofo and a colleague from this journal named Fukai. They were recommended to Tolstoy by another Japanese, Masutari Konishi, who had accepted the Russian Orthodox faith and was studying at the Kiev Seminary. Konishi became acquainted with Tolstoy in 1892, and upon returning to his homeland translated Tolstoy's writings into Japanese. The

японец Masutari Konishi (Д. П. Кониси) принявший православие и учившийся в Киевской духовной академии. Кониси познакомился с Толстым в 1892 г., по возвращении на родину переводил его сочинения на японский язык. Японцы показались Толстому «очень просвещенными и свободными в своих взглядах людьми» (Т. 69, С. 153). Однако позднее Толстой подружился с младшим братом, Токутоми Рока, и разошелся со старшим, Токутоми Софо — из-за его националистических, милитаристских взглядов.

[3] Письмо Веригина к Е. И. Попову (см. прим. к *письму 2*).

Первая страница письма П.В.Веригина к Е.И. Попову, 17 авг. 1896 г.
First page of Peter Verigin's letter to Evgenij Popov, 17 August 1896

Japanese seemed to Tolstoy 'very enlightened and liberated in their views on people' (Vol. 69, p. 153). Later, however, Tolstoy befriended Sofo's younger brother, Tokutomi Roka, and fell out with the elder brother because of the latter's nationalistic, militaristic views.

[3] Verigin's letter to E.I. Popov (see my note on Letter No 2).

Первая страница письма Л. Н Толстого к П. В Веригину, 14.X.1896 г.
First page of Tolstoy's letter to Verigin, 14 October 1896

4. П. В. Веригин — Л. Н. Толстому
2 сентября 1897 г. Обдорск.

2го Сентября 97 г. С. Обдорск.

Уважаемый Лев Николаевич!

Податель сего, естественник студент Петербургского Университета, который в компании с товарищем лето сего года были для исследования флоры и фауны по прибрежьям Оби, были и в Обдорске, с которыми я провел время довольно весело. Пришлось говорить о многом, между прочим и о Вас лично. При отъезде податель сего заявил искреннее желание видеть Вас, а потому я и нашел уместным написать Вам сие письмо.

О себе особенного не могу сказать ничего. Живу слава Богу хорошо и благополучно. 29го Июля сего года мне кончался срок назначенного времени ссылки. Теперь еще объявили на пять лет. Всего я уже прожил десять лет, и произошло это так: в начале был выслан на *пять* лет, по прошествии прибавили еще *три* года, и с переводом в Березовский округ набавили *два* года и сейчас снова *пять*. Такая игра почти что ничем не может быть объяснима.

Более же меня тревожит то, что на Кавказе с Христианами поступают ужасно произвольно. Вам вероятно известно, что многих высылают в Якутскую и Иркутскую области, и кроме того там же на Кавказе расселяют по туземцам, выбирая места с более грубыми нравами. И характерно то, что женам с детьми не позволяют следовать за мужьями. Но это вопрос пока времени, я полагаю: поселившись в Якутской или Иркутской обл., люди потом могут выхлопотать о позволении придти женам, если таковые пожелают.

В Москве, кажется, тоже много произошло арестов. Я из Москвы вообще уже давно не получаю писем. Вам писал последнее письмо от 10го Марта с. г. Другое адресовал на имя Ваше передачей И. М. Трегубову, от 4го Марта, получили ли Вы их?[1]

Главным пунктом вреда в христианском движении для существующего порядка, это: несоглашение убивать человека, повторяю, это самый важный-основной параграф как для Христианина, а также и для противной стороны. Я полагаю, возможно (и необходимо) войти с предложением ко всем императорским дворам, чтобы эта идея — идея человечности и гуманизма, имела законное свободное право не только в принципе, но если бы находились

4. P. V. Verigin to L. N. Tolstoy
2 September 1897. Obdorsk.

2ⁿᵈ September '97, Village of Obdorsk.

Esteemed Lev Nikolaevich!

The bearer of this letter is a science student at St-Petersburg University, who along with a companion spent the summer searching out flora and fauna along the banks of the River Ob. They were in Obdorsk as well, and I spent quite a happy time with them. We fell to talking about a lot of things, including you personally. Upon departure the bearer of this letter expressed a sincere desire to see you, and thus I took the opportunity of writing you.

I can't really say anything in particular about myself. By God's grace I live safe and sound. On the 29ᵗʰ of July of this year my official period of exile came to an end. Now thay've given [me] another five years. I have now served ten years altogether as follows: I was first sent away for *five* years, after which they added another *three* years, and on being transferred to the Berezov district they tacked on another *two* years, and now another *five*. A game like this is virtually inexplicable.

But I am more disturbed by the frightfully arbitrary treatment of Christians in the Caucasus. You are probably aware that many are being sent to the Yakutsk and Irkutsk regions, and even in the Caucasus itself the [authorities] are dispersing them among the local population, [specifically] selecting places with cruder morals. And typically they are not allowing wives and children to go with their husbands. But I think it is just a question of time before the people settled in the Yakutsk and Irkutsk regions manage to get permission for their wives to come, if [the authorities] are so inclined.

In Moscow, too, it seems, a lot of arrests have been made. For a long time now I have not been getting any letters from Moscow. The last letter I wrote you was on the 10ᵗʰ of March of this year. Another one was addressed to you care of I.M. Tregubov, dated 4ᵗʰ March. Did you receive them?[1]

The most dangerous element in the Christian movement, from the point of view of the established order, is the refusal to kill a human being. As I said, this is the most important, fundamental point both for Christians and the opposing side. I would say it is possible (and essential) to go to all the imperial courts [of the world] and propose that this idea — the idea of humanity and humanitarianism — be

люди в каждой стране, желающие осуществлять Христианство, чтобы не притеснялись.

В составлении петиции, я позволяю, предложить Вам, уважаемый Лев Николаевич! *Вы могли бы* написать всем христианским общинам в Америке и в Европе, которые послали бы своих членов в одну из европейских местечек, и состоялось бы в роде съезда, на котором Вы также могли бы присутствовать. По выработке программы, потом можно ото всех общин назначить не более двух или трех человек Христиан, которые и посетили бы лично всех главарей существующего строя. Я думаю, что это было бы не бесполезно.

Душевно желаю Вам, уважаемый Лев Николаевич, всех благ от Господа Бога. Прошу Вас передайте и всем друзьям сердечный привет от меня. Брат Ваш во Христе.

П. Веригин.

---

[1] Письма неизвестны. Одно из них в июле 1897 г. Толстой отправил П. А. Буланже, занимавшемуся организацией помощи кавказским духоборцам.

Первая страница письма П.В. Веригина к Л. Н Толстому 2.IX.1897 г.
First page of Verigin's letter to Tolstoy 2 September 1897

enshrined in law — not just as a matter of principle, but so that anyone wishing to live Christianity in any country not be subject to oppression.

As far as drawing up a petition is concerned, let me suggest the following to you, my esteemed Lev Nikolaevich! *You could* write to all Christian communities in America and Europe, who would send some of their members to some place in Europe, and a kind of conference would be held which you could also attend. After working out a plan of action, [a delegation] of no more than two or three Christian people could be selected from all the communities, who would personally visit all the leaders of the established order. I think that such a plan would not be without result.

I sincerely wish you, my esteemed Lev Nikolaevich, all blessings from the Lord God. Please give my heartfelt greetings to all my friends. Your brother in Christ,

            P. Verigin.

---

[1]The whereabouts of these letters are unknown. We know that Tolstoy sent one of them in July of 1897 to P.A. Boulanger, who was in charge of organising aid to the Caucasus Doukhobors.

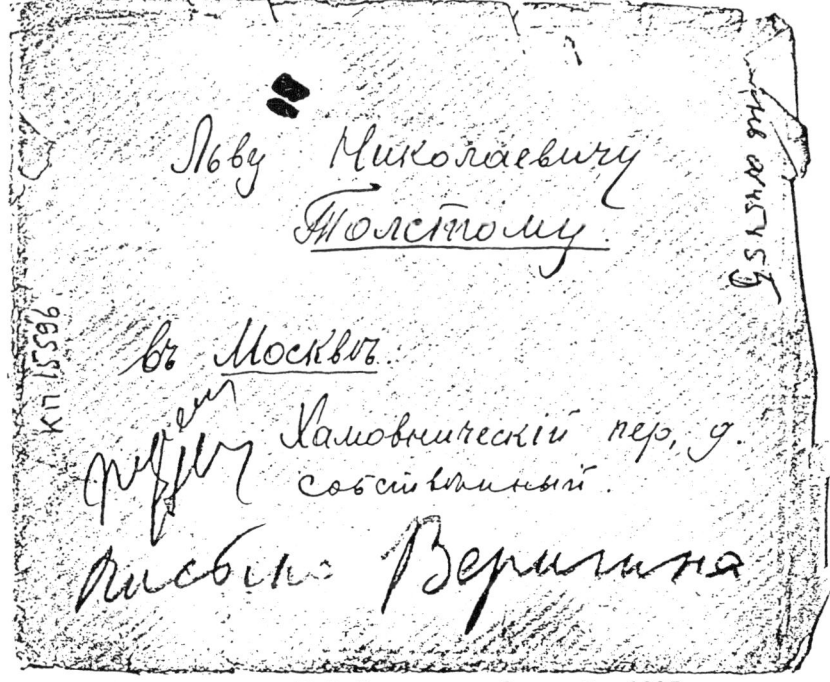

Конверт письма П. В. Веригина от 2 сентября 1897 г.
Envelope for letter of 2.IX.1897 addressed to Tolstoy in Moscow

5. Л. Н. Толстой — П. В. Веригину
24 июня 1898 г. Ясная Поляна.

24 июня.

Дорогой брат Петр Васильевич.

Всех Ваших друзей огорчает то, что прекращено сообщение с Вами.

Посылаю эту записку только для того, чтобы узнать, верен ли этот путь. Если это письмо дойдет до Вас, то отвечайте мне в Москву на имя его превосходительства Александра Андреича Берса[1], на Тверском бульваре в доме Полякова. По последним известиям, родители Ваши живы и здоровы. Ивин и Петр Мухортов уехали за границу в Англию к нашим друзьям и братьям. Насчет места выселения еще не решено. Есть хорошие предложения из Америки.

Обо всем напишу подробно, если сообщение установится.

Братски приветствую Вас и прошу не унывать и помнить не только то, что много и много братьев думают о Вас и любят Вас, но и то, что Бог думает о нас и любит нас в той мере, в которой мы исполняем Его волю и содействуем установлению Его царства в своем сердце и в мире.

Любящий Вас брат
Лев Толстой.

---

[1] А. А. Берс (1845-1924), брат С. А. Толстой; служил в Московском земельном банке на Тверском бульваре.

5. L. N. Tolstoy to P. V. Verigin
24 June 1898. Yasnaya Polyana.

24 June.

Dear Brother Petr Vasil'evich.

All your friends are upset that communication with you has been cut off.

I am sending you this note just to find out if this route is reliable. If this letter reaches you, send me a reply to Moscow care of His Excellency Aleksandr Andreevich Bers,[1] at the Polyakov house on Tverskoy Boulevard. As far as I know your parents are alive and well. Ivin and Petr Mukhortov have gone abroad to see our friends and brothers in England. Nothing has been decided yet about where to emigrate. There have been some good proposals from America.

I shall write you about everything in detail if communication is established.

I send you brotherly greetings. I ask you not to lose heart and remember not only that many, many brothers are thinking about you and love you, but also that God is thinking about us and loves us in the measure that we do His will and help bring about His kingdom in our hearts and in the world.

Your loving brother,
Leo Tolstoy.

---

[1] A.A. Bers (1845–1924), brother of Tolstoy's wife Sofia Andreevna; served in the Moscow Land Bank on Tverskoy Boulevard.

6. П. В. Веригин — Л. Н. Толстому
16 августа 1898 г. Обдорск.

16<u>го</u> Авг. 98 г. С. Обдорск

Уважаемый Лев Николаевич!

Пользуясь попутчиком посылаю сим письмом Вам сердечный привет с пожеланием получить от Бога всего хорошего. Я здоров и благополучен слава Богу.

После аккуратной переписки между нами я писал Вам еще два или три письма, но вероятно «цензура» их не переслала по адресу, потому от Вас я также не получал письма.

Чтобы поговорить с Вами по душе, набралось всего так много, что придется урезывать, боясь что и при том письмо будет долгое.

Недавно в «Руси» прочел Ваш очерк о голодовке людей[1], это хроническое голодание очень и очень печальное положение народа, но еще печальнее то, что не позволяют подавать хлеба голодному человеку. Тогда как отнимание насущного хлеба открыто допускается и даже всевозможно поощряется!

Упадок духа — или вернее, неразвитость духа в народной жизни это бесспорно самая коренная причина всех народных бедствий, но упадок духа или рост его много зависит от материальной обстановки человеческой жизни. Говоря о духовной помощи народу, я думаю, Вы говорите о освобождении народа вообще от вмешательства извне кого бы то не было с «помощью». Иначе выходило бы, что природа, Бог и сама жизнь была бы ко всему живущему, в том числе и человеку, жестоко не справедлива, держа человека в неразвитости духовной?

Мне кажется, иску(с)ственное усилие человека помогать человеку же — в особенности в духовном его развитии и привело к такому печальному состоянию народных масс. Люди мнимо провещенные, желая защитить, — не замечая, что сами очень слабы, — от холода человека и постепенно прикрывая тело, нагромоздили столько тяжести, что человеку впору задохнуться! Это рост всех просветительных нагромождений в современной жизни. Надо по возможности оставлять все иску(с)ственно вырабатывающиеся просветительские «химеры» — которые (химеры) сами живут на народные средства, как и Вы справедливо думаете. — А дать народу вздохнуть свободно, и народ сам окрепнет и разовьется под

6. P. V. Verigin to L. N. Tolstoy
16 August 1898. Obdorsk.

16th Aug. '98, Village of Obdorsk.

Esteemed Lev Nikolaevich!

I am taking advantage of a wayfarer to send you this letter with my heartfelt greetings and my wish that you receive all good from God. Thank God I am healthy and safe.

After a period of uninterrupted correspondence I wrote you two or three more letters which the 'censor' has probably not sent on to your address, since I have not received any letters from you either.

So much has accumulated to talk to you about heart to heart that I shall have to restrain myself, otherwise I fear the letter will be a long one.

I recently read your account in *Rus'* about the famine[1]. This chronic famine is indeed a sorry state for a people, but even sorrier is their refusal to give bread to starving people, while taking away one's daily bread is openly tolerated and even encouraged by all possible means!

Dispiritedness — or rather, the lack of development of the spirit in the life of a people — is unquestionably the root cause of all a people's ills, but the lowering or raising of a people's spirits largely depends on the material conditions of human life. When you talk of spiritual aid to a people, I presume you mean their total liberation from outside interference by anyone offering 'aid'. Otherwise wouldn't it mean that nature, God and life itself were unjust to every living thing, including man, holding man in a state of spiritual backwardness?

It seems to me that what has led to this sorry state of the masses is man's artificial attempt to help his fellow man — especially in respect to his spiritual development. People who have been falsely taught, wanting to protect their fellow man from the cold — not noticing that they themselves are very weak — and gradually covering his body, have piled up such a weight (on top of it) that it only serves to stifle him! This is how all educational accumulations grow in modern life. We must forsake, as much as possible, all artificially developed 'chimeras' — which themselves, as you rightly believe, live off the resources of the people — and give people room to breathe freely, and then the people will strengthen themselves and develop and advance under the influence of the universal evolution

влиянием мировой эволюции жизни вперед! Нам не надо только стеснять этого движения. По своей малосильности мы эволюционного движения стеснить, остановить, конечно, не можем, но мы тормозим, уродуем свою же собственную жизнь.

Для примера укажу на такой факт: ведь давно люди развились до сознания, что Бог есть жизнь (слова Христа). Люди же учителя заставляют видеть Бога в фигурах, сделанных ремесленником, часто эти фигуры сидят в креслах в мономаховских шапках! И такое новоучение считается просвещением, держащее человечество тысячи лет в невежественных оковах и т. далее и т. д. Сейчас в России народ жаждет не просвещения, а *освобождения* в широком значении этого слова, освобождения личности вообще от опеки человеческой.

Неужели люди, взявшие бразды просвещения народных масс, не сознают и не видят того простого факта, что все их иску(с)ственно выдуманные просветительные вещи тяжело угнетают и без того уже ослабевшую спину труженика человека.

Прошлой зимой здесь был Тобольский губернатор. Попросив к себе меня на квартиру, отнесся крайне любезно-вежливо, мы разговаривали слишком три часа, это было за вечерним чаем, с ним было еще три человека «свиты», которые также принимали участие в собеседовании. С интересом расспрашивал: каким родом познакомился с Вами? Когда я ответил, что знаком с Вами по переписке, то они крайне удивились, что по переписке можно так близко познакомиться!

Присылаю копию с поданного объяснения М. В. Д.[2] Я желал бы знать Ваше мнение, уважаемый Л. Николаевич, по делу выселения Духоборцев за границу. Я лично *почти* положительно *против* переселения. Потому люди нашей общины нуждаются в самоусовершенствовании и следовательно куда мы не переселились, понесем свои слабости с собою; а что за границей свободней жить личности вообще, я думаю разница может быть небольшая. Человечество всюду одинаково.

Если переселение и может состояться, то при условиях: Правительство должно возвратить всех разосланных Духоборцев к своим семьям, дать двух-трехлетнию льготу для выселения. Община может послать три-четыре человека доверенных осмотреть местность. Да еще вопрос, есть ли в Америке свободные места, чтобы население не имело ничего против заселения. Наконец мы могли бы арендовать два-три америк. парохода и сразу переехали бы.

Напишите мне пожалуйста, уважаемый Л. Н., не ведете ли Вы переписки с американскими знакомыми по поводу переселения Духоборческой Общины?

of life! All we have to do is not to interfere with this movement. Because of our limited strength we of course cannot interefere with or stop this evolutionary movement, but we are retarding and disfiguring our own lives.

As an example I would cite the following: it came to people's consciousness a long time ago, as you know, that God is life (Christ's words). But some people, teachers, would have us see God in figures made by craftsmen, figures often sitting on thrones and wearing royal crowns! And this new-fangled teaching, which has held mankind for thousands of years in the chains of ignorance etc., etc., is called education. What people in Russia are thirsting for now is not education but *liberation* in the broad sense of the word, the total liberation of the individual from being watched over by other human beings.

Cannot those who have taken upon themselves the task of educating the masses see and admit the simple fact that all their artificially worked out educational plans are a burden of oppression on the already weakened back of the working man?

Last winter the governor of Tobol'sk was here. He invited me to his quarters and was extremely kind and polite toward me. We talked for over three hours, it was over high tea, and with him were three members of his 'entourage', who also took part in the conversation. He questioned me with some interest on how I had become acquainted with you. When I replied that I had got to know you [simply] by correspondence, they were really surprised that people could get to know each other so well through correspondence!

I attach a copy of the petition we sent to the Ministry of Internal Affairs.[2] I wanted to know your opinion, dear Lev Nikolaevich, on the matter of sending the Doukhobors abroad. Personally, I am *almost* positively *against* emigration. You see, the members of our community are in need of self-improvement, and so wherever we went we would take our weaknesses with us; and even though an individual can generally live more freely abroad, I don't think the difference would be all that great. People are the same everywhere.

If it comes right down to emigration, then [I foresee the following] conditions: the government must return all the re-settled Doukhobors to their families, and give a two- to three-year grace period for emigration. The community could send three or four trustworthy people to look over the place [proposed for us]. Then there is also the question as to whether there are places free in America [for us], so that the [local] population would have no objection to our settling [there]. Finally, we could hire two or three American ships and go at once.

Please write and tell me, dear Lev Nikolaevich, whether you are in touch with [any] American acquaintances regarding the emigration of the Doukhobor Community.

В Г. Тобольск.
Алексею Ивановичу Степанову
в деревне «Завальной». — предместье.

Получив письмо, он дошлет мне его с попутчиком. Если у Вас есть какие-либо бумаги, чтобы переслать мне, адресуйте на Степанова, это хороший мой знакомый — как и Ваш.

Полиция совсем не передает мне писем, а также и от меня никому не пересылает. Можно писать — как Губернатор меня предупредил — родителям, да и то чтобы письмо не имело «философических разсуждений» (выражение Губернатора). В Обдорске находится православная церковная миссия и в этом году сюда командировали двух монахов — один из Петербурга, они много раз говорили в церкви проповеди о Духоборческой общине, о ее зле, опасности для Государства и т. п. Я предупреждал монахов, если они еще будут продолжать, то вынужден буду заметить им о некоторых несправедливых толкованиях о общине. В одно Воскресенье они дали мне право говорить в церкви. Полемика вышла горячая, здесь же в народе многие приняли мою сторону мировоззрений.

Попами был поставлен вопрос об отрицании нами икон. Я объяснил: мы Бога чтим, которому подвластно все существующее, не только земля и что на ней есть, но и все что находится во вселенной. Бог есть *жизнь* и присутствует во всем существующем и равно присутствует-покровительствует например как человеку, а также самой маленькой птичке или насекомому, а потому — сказал я, — Бог, которого мы чтим, безмерно велик и обширен и вместить Его в какую-либо рамку невозможно, а тем менее изобразить Его, Бога возможно только ощущать душою, сердцем и выражать Его свойство Любовью ко всему живущему, в котором мы вращаемся.

Попов было шесть человек, говорил со мной один, но под конец они все заговорили, я обратил их внимание на шум, производимый ими, со мной согласились и слушатели-люди. Попы дошли до такого волнения, что один из них выразился: покажи нам своего Бога или Любовь! На такой вопрос, некоторые из людей даже рассмеялись. Я ответил на этот вопрос: Вы повторяете слова фарисеев, которые были предложены Христу; но я уверен, что Вы понимаете, что значит любовь, но только не хотите исповедовать ее, а также из-за выгоды материальной держите в темноте и людей.

До этого диспута попы обещались ставить вопросы периодически и рассуждать по Воскресеньям, но больше одного разу не повторялось. Старший из них съездил к Архиерею по поводу собеседования. Недавно приехал, что привез неизвестно.

Недавно от родных приезжал ко мне человек. Успел войти в квартиру и побыл не более *пяти* минут, набежали полицейские

Aleksej Ivanovich Stepanov
Village of Zaval'naya (suburb)
City of Tobol'sk

Once he has received your letter, he will forward it to me by some traveller. If you have any papers to send me, address them to Stepanov; he is a good friend of mine — and of yours.

The police do not give me any letters at all, and do not send out any of mine. I am allowed to write — as the Governor warned me — to my parents, and my letters should not contain any 'philosophical arguments' (the Governor's expression). There is a Russian Orthodox Church mission in Obdorsk, this year two monks have come out to [run] it — one from St-Petersburg, and they have preached sermons in church over and over again about the Doukhobor community, about its evil, its danger to the State, etc. I warned the monks that if they continued doing so I would be compelled to remind them of certain unjust misrepresentations about our community. One Sunday they allowed me to speak in church. A heated debate ensued, but a lot of the poeple here accepted my point of view on world issues.

The priests asked about our rejection of icons. I explained that we worship God, to whom everything that exists is subject, not only the earth and everything on it, but everything in the universe too. God is *life* and is present in all that exists, and is equally present to protect man, for example, as the smallest bird or insect, and therefore, I said, God, whom we worship, is immeasurably vast and great, and it is impossible to put Him in any kind of frame, let alone to represent Him pictorially; we can feel God only in our heart and soul, and express His quality of Love to all living things around us.

There were six priests there; one of them spoke with me, but by and by they all started talking; I drew their attention to the noise they were making, and some of the people who were listening agreed with me. The priests got into such a state of excitement that one of them said: Show us your God, or Love! Some of the people even laughed at such a question. I replied: You are repeating the words of the Pharisees which were addressed to Christ; but I am sure you understand what love means, only you aren't willing to confess it, moreover, you are holding the people in darkness for the sake of material advantage.

Before this confrontation the priests had promised to ask questions and hold discussions periodically on Sundays, but this did not happen more than once. The elder priest among them made a trip to talk to the Bishop about the discussion. He recently returned, but what he came back with I have no idea.

Recently someone came to see me from my relatives. He managed to come into the apartment and was here no more than *five* minutes when the police came and arrested him. Half an hour later they sent him off in a convoy. He didn't have a passport.[3] They don't

и увели под арест. Через полчаса отправили по этапу. Паспорта у него не было. Духоборам не выдают паспорт. В прошлом году также приезжали ко мне, но те не доехали. Еще приезжал некто, Андросов Михайло, он был кажется у Вас[3]. Такие поездки я нахожу совершенно лишними. Но мать моя старушка сильно беспокоится и не доверяет даже письмам, что я живой. Этот человек хотя по этапу и нескоро дойдет, но скажет ей, что видел меня.

От сосланных в Якутскую область писем не получаю, переписка не допущается.

В «Мире Божьем» был помещен отчет о Казанском съезде миссионеров попов. Характерен вопрос, поставленный ими, чтобы отбирать от сектантов детей! Только за тем дело и стало, что нет помещений! Всякие толкования по этому поводу излишны[4].

Журнал «Мир Божий» в Обдорске получается. Я тогда послал в Редакцию письмо относительно съезда. Копию присылаю Вам. Вероятно, полиция не переслала по назначению[5].

Ваши сочинения нашли на Съезде очень вредными! Да и правду надо сказать, Вы много за это время разоблачили неправды. В особенности попы сильно на Вас сердиты, да и имеют право, потому что Вы своими «Маленькими Брошюрками» не позволяете им более прикрываться овечьей шкурой, тогда как на самом деле они Волки.

Лето здесь было очень теплое и сравнительно долгое. Здесь растет много ягод: морошка, черника, голубика, кляжица, брусника, есть немного красная смородина и вот почти цельное лето я провел в поле за собиранием ягод. Кроме того я обзавелся столярным верстаком и кое-чем из инструментов, имею и токарный станок и понемногу работаю. Зимой предполагаю начать шить сапоги, вообще заняться сапожничеством, так как здесь нет сапожников и люди очень нуждаются в этом. Сапожное ремесло я считаю отчасти тем невыгодно, что приходится сидеть более чем не нормально, а это вредно. Да и вообще я не постоянен в физической деятельности; но все-таки предпочитаю труд на открытом воздухе, например это лето я с восторженным удовольствием косил и убирал сено. Ставить сено здесь также довольно выгодно, луга не делятся, косят где кто пожелает. Занимающихся сеном потому мало, что все почти уезжают на рыбные промыслы.

В прошлом лете здесь были из Петербургского университета два студента для собирания коллекции из флоры и фауны.

Один из них желал сильно увидеть Вас, я написал с ним письмо, получили Вы или нет?[6]

Через Обдорск недавно прошли по Оби в Обскую губ. пароходы, это второй раз возят хлеб для обмена с заграничными преимущественно железными товарами. Такой обмен мне кажется не особенно выгоден. Россия, отпуская все более и более от себя хлеба, сама голодает, кроме того земля все истощается, не получая вознаграждения в форме отбросов хлебных — и т. под. В

give out passports to Doukhobors. Last year too some people tried to come and visit me, but they never got here. There was another person too, Mikhajlo Androsov, I think he was at your place.[4] I find such trips quite superfluous. But my old mother is extremely concerned and doesn't even trust letters saying I am alive. Even though this person is travelling in a convoy and won't get there quickly, [at least] he'll tell her he saw me.

I don't receive any mail from those sent to the Yakutsk region, no correspondence is permitted.

In [the magazine] *God's World* there was an account of a conference of missionary priests at Kazan'. The question they raised was typical, about taking children away from sect members! Only it turned out after that that there was nowhere to put them! Any discussion of this matter is superfluous![5]

The magazine *God's World* is available in Obdorsk. I then sent a letter to the editor regarding the conference. I am sending you a copy. It is quite probable that the police did not forward it.[6]

The conference thought your writings extremely dangerous! To tell the truth, you have uncovered a lot of lies lately. The priests are especially angry at you, and with some justification, for you with your 'Little Pamphlets' won't let them hide any more in their sheep's clothing, when in fact they are Wolves.

The summer here has been quite warm and relatively long. There are a lot of berries growing here: cloudberries, bilberries, bog whortleberries, *klyazhitsa*, mountain cranberries, there are a few red currants and I have spent almost the whole summer in the field gathering berries. Moreover, I have procured myself a joiner's bench and some tools, I also have a lathe and am working little by little [on that]. Come winter I thought I would start making boots, even set up a cobbler's shop, since there are no boots here and people are in great need of them. I think the disadvantage of a cobbler's trade is that you have to sit for longer periods than normal, and that is harmful. In general I do not get regular physical exercise; but in any case I prefer work in the open air, for example, this summer I took great delight in mowing and gathering hay. Haying is also quite profitable here; they don't set up meadows, everyone mows where he wishes. There are not that many haymakers here, since almost everybody goes off fishing for a living.

Last summer there were two students here from St-Petersburg University collecting flora and fauna.

One of them very much wanted to see you, [and so] I sent a letter with him — did you receive it or not?[7]

Recently some ships passed through Obdorsk, travelling down the river to Ob Province. This is the second time they were carrying bread to exchange for foreign goods, mainly things made of iron. I don't think such trade is particularly profitable. While sending more and more crops away, Russia is going hungry herself; besides,

33

России хлеб начинается вырабатываться удобней, но печально то, что не приходится его есть самим производителям, меняя на разные заграничные усовершенствования...

Передайте душевный привет всем Братьям и сестрам по Духу. Желаю Вам всего хорошего.

Петр Веригин.

Присылаю «Фантазию» — мысль, которая сложилась прошлой зимой. Здесь был архиерей, я написал в честь его приезда. Встретясь с ним, предлагал ему, он не взял, объяснив, что все бумаги получает через Консисторию. Если найдете возможным, отдайте напечатать брошюрку из этой мысли; для простого народа, думаю, это будет полезно!

Фантазия

В этой книжке описано, как в России недавно явилась святая Мария одному мужичку.

Мужичек ехал из лесу с дровами, приехал домой позже обыкновенного и на вопрос жены, что почему так запоздал, он в волнении, отпрягая лошадь, сказал жене, чтобы она позвала сейчас же к себе из села людей, он расскажет им чудо. И когда люди — мужчины и женщины собрались, он рассказал им вот что:

— Еду я, братцы и сестрицы, это себе с дровами да еще молитву «Отче наш» на уме перевожу и думаю: когда же установится Царствие Божие как на небе так и на земле? Стало уже вечерять, но и село наше видно близехонько, вот недалеко за вторым ручейком. И сейчас, милые, у меня душа так и хочет выпрыгнуть, не то радостно или как будто и страх. Да, еду понукаю Пегашку, вдруг вижу, сажен в несколько, навстречу идет человек-женщина и покажись мне Анна Трофимовна Потапова. Я еще не доезжая окликнул: «Трофимовна! Куда это на ночь глядя собралась?» — Между тем лошадь незаметно своротила с дороги и остановилась в мягком снеге. Трофимовна подошла и обернувшись ко мне сказала: «Мир тебе, добрый человек!» Тут я заметил, что это была не Трофимовна, но не мог пошевелиться, во мне как-то по всему просияла несказанная радость. Женщина стояла гораздо выше меня на натоптанной дороге, и я смотрел как бы вверх.

— Давно я тебя желала встретить, милый человек, — заговорила снова женщина. — Слушай, помни, поди и расскажи всем от мала до велика в своем селе, а также и всем людям кого будешь встречать в своей жизни.

all the soil is becoming depleted because it isn't getting enrichment in the form of crop waste, and so forth. Russians are starting to produce crops more easily, but it's sad that the producers themselves don't get to eat them, trading them instead for various foreign improvements.

Give my sincere greetings to all the Brothers and sisters in Spirit. I wish you all the best.

Peter Verigin.

I am sending you 'A Fantasy' — an idea that came together last winter. The bishop was here, and I wrote it in honour of his visit. When I met him I presented it to him, but he didn't take it, explaining that he receives all documents through the Consistory. If possible, see if you can make a small pamphlet out of this idea; I think it will be useful for the simple folk!

A Fantasy

This booklet describes how in Russia the Virgin Mary recently appeared to a peasant-fellow.

The peasant returned home later than usual from the forest with his load of wood. His wife asked him why he was so late. As he excitedly unharnessed the horses, he told his wife to call all the people in the village to come at once, and he would recount a miracle. And when the people, both men and women, had gathered, this is what he told them:

'Here I am on my way home, brothers and sisters, carting my load of wood and with the Lord's Prayer running through my mind, and I think to myself: Now when will the Kingdom of God come on earth as it is in heaven?

'Nightfall was a-comin' on, but I could already see our village not too far away, just over the second brook. And now, my friends, my heart's a-jumpin', not so much for joy or as if I were afraid. Yeah, here I am tryin' to get ol' Pegasus to get a move on, when all of a sudden, what do I see, just a few sazhens away, but someone — a woman — comin' towards me, an' it looks like Anna Trofimovna Potapova. An' even before I get close I cry out: "Trofimovna! Where're you off to for the night?" — In the meanwhile Pegasus, without me noticin' him, has gone off the road and stopped in the soft snow. So now Trofimovna's come up to me, an' she turns to me and says: "Peace be with you, good man!" An' then I noticed it wasn't Trofimovna, but I couldn't move, somehow a joy too great for words spread right through me. This woman stood there on road on the trodden snow much taller than me, an' I was somehow looking up.

'"I've been wanting to meet you for a long time, my dear fellow", she began again. "Listen, remember, go and tell everyone in your

— Вы все, люди, часто обращаетесь с мольбою к Господу Богу и это почти что напрасно, потому сейчас же вслед за молитвой делаете более несправедливостей. И Господь на столько еще милостив, что терпит и ожидает восприятия Царствия Божия в среде людей, потому что многое нехорошее люди делают по своему неразумию. Скажи всем, что сейчас люди подпали трем важным порокам: водке, табаку и картам. Если люди не оставят эти пороки, то погибнут, потому что от этих трех пороков плодятся и все многочисленные грехи: беднота, зависть, убийство, любостяжание и другие.

— Подумайте сами, сколько вы, простые Божие люди, страдаете от водки и разных хмельных питий. Вот и сейчас недалеко Великий для всей Вселенной праздник Рождества Исуса Христа, и я в последние дни всегда схожу на землю, чтобы успокоить сердца людей, призывающих Господа. Но когда настает день празднования Рождества Исуса Христа, во что люди уподобляют это празднование? Когда люди взывают к Господу о помощи в своих немощах, то Господь посылает меня до скорбящих и хорошо мне врачевать раны кающегося человека; и если пьяный человек начнет сквернословить и ругаться, упоминая слово мать, я также должна приходить на землю и присутствовать в человеческом мире, потому что они, люди, меня призывают.

Я хотел, милые братцы и сестрицы, пасть на землю и просить прощения за весь род человеческий, но святая поднятием руки остановила меня и сказала: «Не делай этого, а помни явственней то, что я говорю. Когда вы пьете водку, внутренности человека постепенно портятся и этот вред переходит в кровь,— в особенности если пьют водку женщины, то дети уже рождаются болезненными. Кроме того, когда человек пропивает свое добро на водке, в доме заводится недостаток, а за этим мало по малу и злоба в семье; и подумайте сами, какое уж тут Христианское житье! Уж лучше бы было, чтобы люди, пьющие водку, не назывались Христианами. Ведь Христос для того был послан Богом, чтобы возвестить мир и благую жизнь, а если уж люди будут пить водку, то миру в семье не будет места. Табак вреден, потому что у курящего заражается кровь и от этого человек делается раздражительным и в семье ссоры заводится еще больше. От курящих людей дети рождаются болезненными, нервно-злыми. Табачный воздух в хате, которым дышат люди — в особенности дети, очень вреден для легких и мозга, а потому бывают частые головные боли. Еще подумайте, люди, сколько уничтожается хлеба на водочных заводах! Истинно говорю вам, что заводы водочные помог выдумать человеку Сатана, чтобы погублять в грехах людей. Под табак сколько распахивается самой лучшей земли, на которой могло расти что-либо полезное.

Карты для человечества потому пагубны, что отвлекают ум человека мыслить о чем-либо полезном: как создан и устроен мир

village from the smallest to the greatest, tell everyone you meet in your life.

'"You people often turn in prayer to the Lord God, and this is almost pointless, since right after you pray you go and do more wickedness. And still the Lord is [so] merciful that He is patient and waits for the Kingdom of God to be accepted by people, because people in their foolishness do a lot of bad things. Tell everyone that people have now fallen under the influence of three serious vices: vodka, tobacco and card-games. If people do not forsake these vices they will perish, because from these three vices come a whole multitude of sins: poverty, envy, murder, covetousness, and so on.

'"Just think how much you, simple people of God, suffer from vodka and other fermented drinks. You know it's not long now till the Great holiday of the whole Universe, Christmastide, and in the days leading up to it I always come down to earth to comfort the hearts of people who call upon the Lord. But when the day comes to celebrate Christmas, how do people celebrate it? When people call upon the Lord for help in their infirmities, the Lord sends me to the sorrowing and it is good for me to treat the wounds of those who are repentant; but even if a drunkard starts swearing and cursing, mentioning the word *mother*, I must still come to earth and abide in man's world, because they, people, call upon me."

'I wanted, dear brothers and sisters, to fall upon my face to the earth and ask forgiveness for the whole human race, but the Virgin stopped me by raising her hand and saying: "Do not do that, but remember most distinctly what I say. When you drink vodka, people's insides gradually decay and causes harm to the blood — especially when women drink vodka, their children are born already diseased. Besides, when someone squanders his money on vodka, there is not enough to take care of his household, and this leads little by little to resentment in the family, and just think, what kind of a Christian life is that! In fact it would be better for people who drink vodka not to call themselves Christians. After all, Christ was sent by God to proclaim peace and a good life, but when people go and drink vodka there is no room for peace in the family. Tobacco is harmful because smoke infects the blood and makes a person irritable, causing even more quarrels to break out in the family. People who smoke bear children who are diseased, nervous and malicious. Tobacco smoke breathed in by people in their homes, especially by children, is very harmful to the lungs and the brain, and gives rise to frequent headaches. Think again, people, of how much bread is destroyed in vodka distilleries! Truly I tell you that it was Satan who helped man think up vodka distilleries, to drive people deeper into sin. And how much of the best land is ploughed up for tobacco, when something useful could be grown on it.

'"Card-games are bad for mankind because they distract people's minds from thinking about useful things: how the world was created

и как лучше жить человеку, собрались бы и рассуждали после необходимого труда. Случается же проигрывать имущество и деревенскому жителю, и опять семейные неприятности и ссоры.

Богатым водка, табак и карты приносят еще больше вреда. Их пир, уснащенный дорогими и в больших количествах хмельными питиями, стоит дорого и после такого пира, чтобы возместить истраченное, где взять? Надо волей неволей собирать всеми недобрыми и хитрыми путями; потому что человек, пьющий вино, курящий табак и играющий в карты, привык жить роскошно и праздно. А часто люди богатого состояния проигрывают в карты все нажитое раньше и тогда уже окончательно растроенная жизнь или даже и самоубийство.

Городские люди, не исключая чиновников, купцов, попов и всех всех богатых мира сего, которые упиваются водкой, курят табак и играют в карты, им всем будет большая погибель, потому что они своим поведением соблазняют простой народ; но вы, простые деревенские люди, чуждайтесь городов, потому что в них есть разврат и погибель душ человеческих.

Еще говорю тебе, добрый человек, помни и скажи всем: если люди оставят пить водку и все хмельное, курить табак и играть в карты, то будут спасены и водворится на земле мир и благоволение в человеках!

За этими словами вокруг святой образовался светлый круг и на руках ее я увидел ребенка неизреченной красоты, который произнес: «Все сказанное моей Матерью есть истинная правда; я, Христос, подтверждаю это. Иди и благовествуй всем верующим в Духа Истины». Затем светлый круг стал увеличиваться, и Пресвятая Мария со Христом стали подниматься все выше и выше и скрылись в облаках небесных...

---

[1]Статья «Голод или не голод?» появилась в газете «Русь» 2 и 3 июля 1898 г. Здесь Толстой писал: «Если под голодом разуметь недоедание, не такое, от которого тотчас умирают люди, а такое, при котором люди живут, но живут плохо, преждевременно умирая, уродуясь, не плодясь и вырождаясь, то такой голод уже около 20 лет существует для большинства черноземного центра, и в нынешнем году особенно силен» (Т. 29, С. 221). За помещение статьи министр внутренних дел объявил газете предостережение (затем могли следовать приостановка или закрытие).

[2]Прошение духоборцев о возможности переселиться за границу было подано сначала на имя императрицы Александры Федоровны, та передала его в Сенат, откуда оно было направлено главноначальствующему на Кавказе кн. Г. С. Голицыну. Разрешение оказалось возможным лишь для тех, кто не находился в ссылке и не подлежал воинской повинности. Затем Толстой писал в русские и в иностранные газеты и от имени духоборцев — царю Николаю II. В архиве Толстого сохранилась и копия обращения Веригина к министру внутренних дел.

and formed, and what is the best way for people to live — [these are things] they should gather to talk about after [completing] necessary daily chores. Even a country dweller can lose all his property, and again [this gives rise to] unpleasant situations and quarrels in the family.

"'Vodka, tobacco and card-games cause even more harm for rich people. They hold expensive feasts, replete with costly fermented drinks in great quantities, and when the feasts are over, where do they turn to compensate for what has been lost? Like it or not, they have to get it by all sorts of bad and devious ways, since people who drink wine, smoke tobacco and play cards are used to living an idle and luxurious life. And it often happens that rich people lose their whole fortune at cards and the final result is a ruined life and [possibly] even suicide.

"'City people, including civil servants, merchants, priests and all the rich people of this world, who get drunk on vodka, smoke tobacco and play cards, will all meet a most tragic end, because their behaviour is a temptation for the common people; but you, simple country folk, stay away from the cities, because in them is corruption and death for human souls.

"'I say again to you, good man, remember and tell everyone that if people forsake drinking vodka and anything fermented, smoking tobacco and playing cards, they will be saved, and there will reign peace on earth and good will toward men!"

'At these words a bright circle formed around the Virgin and in her arms I saw a child of unspeakable beauty, who said: "All that my Mother said is verity and truth: I, Christ, confirm this. Go and preach to all who believe in the Spirit of Truth." Then the bright circle began to get bigger, and the Blessed Virgin and Christ began rising higher and higher until they were hidden in the heavenly clouds...'

---

[1] The article 'Famine or not?' appeared in the newspaper *Rus'* of 2 and 3 July 1898. Here Tolstoy wrote: 'If by famine is meant not enough to eat, not what people are dying from at the moment but rather what people live off of, but live poorly, dying prematurely, becoming disfigured, degenerating and failing to procreate, then such famine has existed about twenty years already for most of the centre of the black-earth [region], and is especially strong this year' (Vol. 29, p. 221). For running the article the paper received a warning from the Ministry of Internal Affairs (which could be followed by suspension or closure).

[2] The Doukhobors' application for permission to emigrate was originally addressed to the Empress Aleksandra Fedorovna; she passed it on to the Senate, from where it was sent to the Commanding Officer in the Caucasus G.S. Golitsyn. Permission was forthcoming only for those who were not in exile or subject to military conscription. Later Tolstoy wrote to Russian and foreign newspapers, and on behalf of the Doukhobors to Tsar Nicholas II. A copy of

³М. Андросов, вместе с другими духоборцами, посетил Веригина в Обдорске в 1895 г. В декабре 1896 г. пытался снова увидеть Веригина, но в 30 км. от Обдорска был арестован и по этапу возвращен на родину. 13 января 1897 г. проездом был у Толстого в Хамовниках. Отвечая в июле того же года на рассказ Андросова о своей жизни по возвращении, Толстой написал ему: «Передайте мой привет и любовь всем братьям. Никого не видал я, кроме Вас, а ближе мне все вы, чем люди, с которыми я прожил всю жизнь, потому что вижу в вашей жизни проявление того Бога, которым живу... Братьев одного духа с нами все больше и больше означается со всех сторон и в России и за границей. Верю, что близится царство Божие. Пишите мне» (Т. 70, С. 107).

⁴Казанский миссионерский съезд происходил в августе 1897 г. В качестве меры борьбы с сектантами решено было ходатайствовать о законе, который позволил бы отбирать детей у родителей и воспитывать их в епархиальных приютах. Вскоре такая мера была принята к детям молокан. Толстой, прочитав отчет о съезде в газете «Русские ведомости», записал в дневнике: «Возмутительный отчет о миссионерском съезде в Казани» (Т. 53, С. 150).

⁵Ни подлинник, отправленный в журнал, ни копия, посланная Толстому, неизвестны.

⁶См. *письмо 4*.

Verigin's application to the Ministry of Internal Affairs is preserved in the Tolstoy archives.

[3]*passport* — here referring to an internal identification document required for travel within the Russian empire (and later within the Soviet Union).

[4]Mikhajlo Androsov, along with other Doukhobors, visited Verigin in Obdorsk in 1895. In December 1896 he tried again to see Verigin, but thirty kilometres from Obdorsk he was arrested and sent home in a convoy. On the 13th of January 1897 he stopped to see Tolstoy on his way through Hamovniki. In replying to Androsov's story of his life after his return, Tolstoy wrote him in July of the same year: 'Give my greetings and love to all the brethren. I have not seen anyone except you, but all of you are closer to me than people I have spent my whole life with, because I see in your lives the manifestation of the God I live by... More and more brethren who share our spirit are cropping up all over Russia and abroad. I believe that the kingdom of God is drawing closer. Write to me.' (Vol. 70, p. 107)

[5]The Kazan' missionary conference took place in August of 1897. Among other steps taken in the struggle with dissident sects it was decided to petition for a law which would allow children to be taken from their parents and brought up in diocesan orphanages. Shortly thereafter this measure was applied to the children of the Molokans [a Christian sect which began in 18th--century Russia and rejected formal clergy and church organization]. After reading an account of the conference in the newspaper *Russkie vedomosti*, Tolstoy noted in his diary: 'A disturbing account of a missionary conference in Kazan' (Vol. 53, p. 150).

[6]The whereabouts of both the original sent to the magazine and the copy sent to Tolstoy are unknown.

[7]See Letter No 4.

7. Л. Н. Толстой — П. В. Веригину
1 ноября 1898 г. Ясная Поляна.

1 ноября. Ясная Поляна.

Дорогой брат Петр Васильевич. Очень был обрадован Вашим письмом. Знал я про Вас только по письму, посланному Вами с студентами. Я отвечал на него и еще раз писал Вам длинное письмо, описывая все, что за последнее время произошло с братьями. Письмо это я послал с особенным случаем, но боюсь, что и оно не дошло до Вас[1]. Посылаю теперь Вам описание всего того, что до нынешнего числа делалось и делается. Пароход, на котором должны ехать первые расселенные (около 2000 человек), придет за ними в Батум 4 декабря. Когда пойдет второй транспорт, еще неизвестно. Мне очень было радостно читать в Вашем письме Ваше определение Бога в беседе с миссионерами; но больше всего мне было радостно читать Ваше суждение о выселении. Я совершенно того же мнения — именно того, что важно не место, в котором мы живем, и не условия, нас окружающие, а наше внутреннее душевное состояние. Познаете истину, и истина освободит вас[2], везде, где бы вы ни были. Вы пишете, что Вы почти против переселения, и я также, но Вам, живущему в тяжелом изгнании, можно говорить страдающим людям, что им следует еще страдать и претерпеть до конца, но мне, живущему на свободе и при всех лучших условиях, неудобно говорить людям, которые страдают: страдайте, терпите еще. А жалко и то, что мы (русские) расстаемся с близкими по духу людьми (утешаюсь тем, что везде наши братья), жалко и то, что люди не претерпели до конца и тем не помогли другим людям познать истину, потому что ничто так не свидетельствует об истине, как несомые за нее страдания.

Очень рад был узнать про Вашу жизнь и про жизнь Якутских сосланных. Будем стараться о том, чтобы жены их присоединились к ним.

Письмо Ваше к министру внутренних дел едва ли произведет какое-нибудь действие. Но я почти уверен, что когда все переезжающие устроятся в Канаде, выпустят и Вас и Якутских[3].

Нынче узнал радостную новость: 300 человек, расселенные врозь по деревням, получили разрешение возвратиться и берут паспорта.

«Фантазия» Ваша едва ли будет напечатана, хотя она и была бы полезна. Я пошлю ее в Посредник[4].

7. L. N. Tolstoy to P. V. Verigin
1 November 1898. Yasnaya Polyana.

1 November. Yasnaya Polyana.

Dear Brother Petr Vasil'evich. I was so delighted to receive your letter. The only news I have had about you is the letter you sent with the students. I answered it and sent you another long letter, describing everything that has been happening with the brethren lately. I sent this letter under special circumstances, but I fear that it too did not reach you.[1] I am now sending you an account of everything that has been done and is being done to date. The ship that is to carry the first migrants (around 2000 people) is to arrive for them in Batumi on the 4th of December. When the second ship will set sail is still unknown. I was so happy to read in your letter your idea of God in the conversation with the missionaries; but I was especially happy to read your ideas on the re-settlement. I share your opinion completely — namely that it is not the place where we live that is important, or the conditions surrounding us, but our inner mental state. Ye shall know the truth and the truth shall make you free[2] — everywhere, no matter where you are. You write that you are almost against re-settlement, and I am too, but living in hardship and exile, you are in a position to tell the suffering people that they should keep on suffering and hold out to the end, whereas I who live in freedom and under all the best conditions find it awkward to tell people who are suffering: keep on suffering, keep holding on. And it is sad that we (Russians) are parting with those who are close to us in spirit (I take comfort in telling myself that our brethren are to be found everywhere), and it is sad too that people have not held on to the end and thereby helped other people know the truth, since nothing testifies to the truth more than the sufferings that one must bear for it.

I was very glad to hear about your life and the life of the exiles in Yakutsk. We shall try to have them reunited with their wives.

Your letter to the Minister of Internal Affairs is unlikely to produce any action. But I am almost certain that once all the migrants are settled in Canada, they will release you and the Yakutsk people as well.[3]

I have just received some good news: 300 people scattered around various villages have been given permission to return and are being issued passports.

Не взыщите за описание, если найдете его не совсем хорошо составленным. Его составил по английским статьям наш друг (слава Богу, у нас много друзей)⁵. Прощайте, по-братски целую Вас.

Лев Толстой.

---

¹Эти письма Толстого неизвестны.

²См.: Евангелие от Иоанна, 8:32.

³Веригин смог уехать в Канаду в 1902 г., якутские ссыльные — в 1905 г.

⁴«Фантазия» напечатана не была.

⁵Описание было составлено Э. Моодом, английским переводчиком романа «Воскресение», принимавшим живое участие в деле переселения духоборцев.

Первая страница отправленного Толстому рассказа П. В. Веригина «Фантазия»

First page of Verigin's story 'A Fantasy' sent to Tolstoy

I doubt your 'Fantasy' will ever be published, even though it would be useful. I shall send it to Posrednik.[4]

Don't condemn the account if you find it not that well written. It was compiled by our friend compiled from some English articles (thank God we have a lot of friends).[5] Farewell. I embrace you in brotherhood.

Leo Tolstoy.

---

[1] The whereabouts of these letters of Tolstoy's are unknown.

[2] See St John's Gospel 8:32.

[3] Verigin was able to go to Canada in 1902, the Yakutsk exiles in 1905.

[4] 'A Fantasy' was never published.

[5] The account was compiled by Aylmer Maude, the English translator of Tolstoy's novel *Resurrection*, who took an active part in the cause of the Doukhobors' re-settlement.

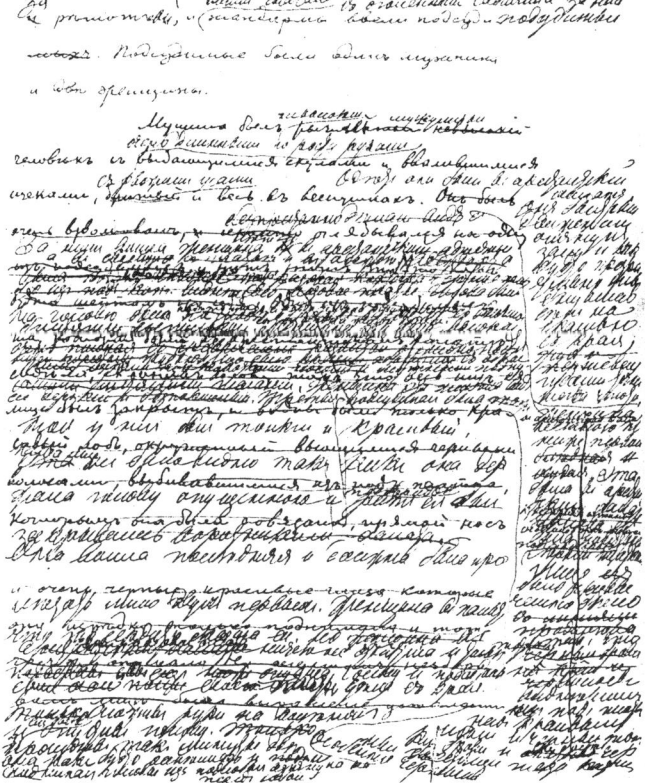

Отрывок из романа «Воскресение» Л.Н.Толстого с правкой автора
Excerpt from Tolstoy's novel *Resurrection* with author's corrections

8. Л. Н. Толстой — П. В. Веригину
Около 20 ноября 1898 г. Ясная Поляна.

Письмо Ваше очень порадовало меня, дорогой брат Петр Васильевич[1]. Я писал Вам через известный Вам адрес, пишу еще и теперь с сестрами, едущими в вашу сторону[2]. Посылаю письмо Хилкова о положении дел в Канаде[3], о положении дел на Кавказе они расскажут Вам.

Все идет хорошо. Но нельзя достаточно часто повторять всем нам то, что Вы пишете, что не важно место, в котором мы находимся, а важно наше отношение к Богу и людям, верим ли мы, что жизнь в духе, а не в плоти, и готовы ли мы, памятуя это, всякий раз, когда предстоит выбор между духовным и телесным благом, пожертвовать всеми мирскими временными делами для соблюдения своей вечной души. Жить мне по всем вероятиям остается недолго, и многое хочется передать, что кажется мне ясным и важным, а между тем не обдумано людьми. Последнее время меня особенно занимает мысль о том, что большая доля наших несчастий происходит от нашего ложного представления о Боге, а потому и нашего неверия в него. Главное, ложное представление о Боге происходит от усвоенного верования о сотворении мира, о том, что мы знаем, как сотворен мир и кто его сотворил. От этого суеверия происходит ложное представление о Боге, который, как человек, то сидит спокойно, то затевает, что ему вздумается, и еще более ложное представление о начале мира и человека, а потому и о конце мира и жизни человеческой. Мы не видим ужасающей нелепости такого представления только потому, что слишком привыкли к нему. В сущности же для всякого человека, свободного от этих нелепых суеверий, вопрос о происхождении и конце мира никогда и не представится. Такой человек видит себя живого в мире и по времени и пространству, не видит ни впереди себя, ни позади конца ни пространству, ни времени и, раз поняв это, заботится только о том, чтобы понять законы мира и, главное, закон своей жизни, по христианскому выражению — волю Отца жизни. Разумный и свободный человек старается только понять и исполнить в этом мире закон своей — так же, как мир, не имеющей ни начала, ни конца, — жизни, исполнить волю Бога, того Бога, которого он признает позади этих Его законов и о котором он не может составить себе никакого понятия. Он знает только, что существо, установившее эти законы, есть, но понять это существо и его цели он (человек разумный) и не пытается, понимая, что он, часть ограниченная, никак не мо-

8. L. N. Tolstoy to P. V. Verigin
20 November 1898 (approx.). Yasnaya Polyana.

Your letter greatly delighted me, dear Brother Petr Vasil'evich.[1] I wrote to you at the address you know about, and I am now writing another letter to send with the sisters who are going your way.[2] I am sending along Khilkov's letter about the situation in Canada,[3] they will tell you about the situation in the Caucasus.

Everything is going well. But what you wrote to us can never be repeated often enough, that it is not the place where we live that is important, but our relation to God and to mankind, whether we believe that life is in the spirit rather than the flesh, and whether we are prepared, remembering this every time we are faced with a choice between our spiritual and corporeal welfare, to sacrifice all our worldly, temporal affairs for the sake of preserving our eternal soul. In all probability I do not have long to live, and there is so much I want to say that seems clear and important to me, yet overlooked by mankind. Lately I have been preoccupied by the thought that a great many of our troubles come from our misconception of God, and our resulting lack of faith in him. This misconception of God comes mainly from our inculcated beliefs about the creation of the world, about our knowledge of how the world was created and who created it. From this supersition comes a misconception of a God who, like man, is either resting quietly or setting out to do what he fancies, along with an even greater misconception as to the beginning of the world and of mankind, and therefore about the end of the world and of human life. We do not see the frightening absurdity of such a conception only because we are too accustomed to it. In actuality, however, for anyone who is not bound by these absurd superstitions, the question of the origin and the end of the world never arises. Such a person sees himself alive in the world in both time and space, he sees neither ahead of him nor behind him an end to either time or space, and having realised this, is concerned only with how to understand the laws of the world, especially the law of his life, as expressed in Christianity — the will of the Father of life. A free and rational person tries only to understand and fulfil in this world the law of his life, which like the world has no beginning or end, to carry out the will of God, that God whom he acknowledges as being behind His laws and whom he cannot formulate any concept of for himself. He knows only that the being who established these laws exists, but he (a rational person) does not attempt to understand this being and his purposes, realising that he as a limited part cannot

жет понять целого. Все то, что он может понять, это то, что свойство этого Бога жизни, проявляющегося в его душе, есть любовь, т.е. победа единения над разъединением.

При еврейско-церковном понимании человек составляет себе понятие о Боге, об Его свойствах, об Его деятельности (творение, искупление и т.п.), а не заботится об Его законах, об Его воле, которую призван исполнять человек и которая указана ему в его сердце, — разумом и любовью. При разумном же, простом понимании жизни, без суеверия творения, человек знает несомненно только закон Бога, Его волю и все силы полагает на уяснение себе его (закона) и следование ему, про Бога же ничего не знает кроме того, что Он есть и дал человеку свой закон для исполнения.

При первом взгляде и мир и человек начались и потому должны и кончиться, и страшны делаются и смерть и кончина мира; при втором, разумном взгляде — как мир никогда не начинался и никогда не кончится, так никогда не начиналась наша жизнь и никогда не кончится, и потому кончины мира не может быть, а смерть не страшна, потому что есть только более резкая перемена, чем все те, которые совершаются во временной жизни. Нет ни наград, ни наказаний, а есть только то, что и здесь, что свое добро ведет всегда к общему добру, а свое зло ведет к общему злу, и добро радостно, а зло мучительно. Добро это единение — любовь. Зло это разъединение, злоба.

Что Вы думаете обо всем этом?

Братски целую Вас.

Л. Толстой.

Письмо опубликовано в Т. 71, С. 500–502, с датой: 5? декабря 1898 г. Дата изменяется: письмо было отправлено с В. Н. Поздняковым и женами духоборцев, ехавшими к мужьям в Якутск, а все они посетили Толстого в Ясной Поляне около 20 ноября. В письме к сыну Сергею Львовичу, точно датируемом 5 декабря 1898 г., Толстой заметил о них: «Они благополучно проехали с Поздняковым недели две тому назад» (Т. 71, С. 499).

[1] Толстой отвечает вторично на *письмо 6*.

[2] Поздняков, сосланный в Якутскую область, не упомянут из конспиративных соображений.

[3] Письмо Д. А. Хилкова из Монреаля от 13(25) ноября 1898 г., с подробным рассказом о месте будущего поселения духоборцев. Хилков сообщал также, что Моод собирается в Оттаву для обсуждения всех вопросов с министром внутренних дел.

comprehend the whole. All he can understand is that the nature of this God of life, manifest in his soul, is love, that is, the triumph of unity over disunity.

In the Judæo-ecclesiastical understanding man has formulated for himself a concept of God, of His attributes, of His activity (creation, redemption, etc.) and does not pay attention to His laws, to His will, which man is called upon to carry out and which is revealed to him in his heart — through reason and love. Yet given a rational, simple understanding of life, without the superstition of a creation, it is clear that man knows only the law of God, His will, and directs all his efforts toward clarifying it (the law) for himself and following it; about God he knows nothing except that He exists and has given man his law to carry out.

At first glance it seems that both the world and mankind began and therefore must end, and death and the end of the world become frightening things; but at a second, rational glance, just as the world never began and will never end, so has our life never begun and will never end, and therefore there can be no end of the world, and death is not something frightening, since it is only a change more acute than all the changes that occur in our temporal life. There are no rewards or punishments, but only what is here already — namely, the fact that the good one does always leads to a common good, while the evil one does leads to a common evil, and good is joyous whereas evil is tormenting. Good is unity, i.e., love. Evil is disunity, hate.

What do you think about all this?

Embracing you in brotherhood,

L. Tolstoy.

This letter was published in Vol. 71, pp. 500–502, dated 5? December 1898. The date was changed: the letter was sent with Vasilij Pozdnyakov and the Doukhobor wives who were going to see their husbands in Yakutsk, who all visited Tolstoy at Yasnaya Polyana around the 20th of November. In a letter to his son Sergej, specifically dated 5 December 1898, Tolstoy mentioned that 'they passed through safely with Pozdnyakov about two weeks ago' (Vol. 71, p. 499).

[1]Tolstoy is responding a second time to Letter No 6.

[2]As a precautionary measure Tolstoy does not mention Pozdnyakov, who was exiled to the Yakutsk area.

[3]A letter from Prince Dmitrij Khilkov from Montréal dated 13 November 1898 (25 Nov. by the new calendar) with a detailed description of the future home of the Doukhobors. Khilkov also wrote that Maude was planning to go to Ottawa to discuss all the issues with the Minister of Internal Affairs.

9. П. В. Веригин — Л. Н. Толстому
1 февраля 1899 г. Обдорск.

1го Февр. 99 г. С. Обдорск.

Уважаемый Лев Николаевич, чрез такое долгое молчание, собрался написать Вам хотя несколько строк. Начну прямо с вопроса, которым мысль моя занята в данное время, — о переселении закавказских Христиан в Америку. О выселении за границу, вообще, у меня не было ранее никаких предположений, хотя еще бывши на родине бывали рассуждения, что если правительство не будет позволять жить нам согласно убеждений, то мы вынуждены будем просить о отпуске нас за границу. Что и произошло на факте. У меня есть большая надежда — если выехавшие наши братья, благополучно переплыв океан, и будут поселены на место, то должны зажить хорошо. Бесспорно, потребуется большая сноровка к новому местоположению. Надо сказать, за это десятилетие, люди нашей общины сильно поколеблены в их основном мировоззрении; это представить себе стадо полевых куропаток, в которых делается залпом несколько выстрелов, после того когда часть куропаток остается на месте убитыми, остальные от инсти(н)ктивного сотрясения разлетаются и большою частью в разные стороны. Сбор куропаток возможен, но прийти в нормальное состояние этому стаду нужно известное время. Сопоставление людей с куропатками в том только нелогично, что *человек не должен терять самообладания*, но это свойственно только очень сильным натурам; а в толпе может быть всегда известная погрешность. Я о том и говорю, что наши закавказские братья, претерпев такое *основное переустройство жизни*, поселившись на новом месте, могут противуречить известному правилу солидарности. Я не говорю о том, что наши, поселившись в Америке, должны подчиняться обязательному какому-либо *условному режиму*; мое убеждение: как бы не была коммуниальна жизнь какого-либо кружка людей, но прежде всего должна быть полная свобода мышления каждого человека. В коммуниальной жизни сплачивать людей может только материально-жизненный интерес, это само по себе требует необходимой общности.

Как бы мне хотелось быть в данный момент вместе с выселившимися в Америку. Мне кажется, там на первых же порах можно поставить очень правильно сельское хозяйство. Известно, что там добрые люди принимают участие о поселении наших, но правильная постановка очень важна, от которой зависит и последователь-

9. P. V. Verigin to L. N. Tolstoy
1 February 1899. Obdorsk.

1st Feb. '99. Village of Obdorsk.

My esteemed Lev Nikolaevich, after such a long silence I have been meaning to write you at least a couple of lines. I shall begin right away with the question that is preoccupying my thought at the moment — about the re-settlement of the Caucasus Christians to America [sic]. As far as emigration in general is concerned, I held no prior assumptions, although even back in the homeland some reasoned that if the government still refused to let us live according to our convictions, we would be forced to ask them to let us go abroad. Which in fact has happened. I have great hopes — once our emigrating brethren are safely across the ocean and settled in their places, they should be able to begin a good life there. Unquestionably a lot of effort will be required to adapt to their new situation. I have to say that over the past ten years the people of our community have been severely shaken in their basic view of the world; they are like a flock of partridges into which several shots are fired, and after some of them fall down dead on the spot, the frightened remainder instinctively all fly off, mostly in different directions. It is possible to collect them together again, but to get back to a normal state the flock requires a certain period of time. The analogy between people and partridges is flawed only in the fact that *people do not have to lose their self-control,* but this is true only of those with very strong natures; and in a crowd there is always a certain degree of failure. I say this because our brethren in the Caucasus, as a result of going through a *fundamental change in their lives,* moving to a new place, may go against the accepted rule of solidarity. I am not saying our people, having settled in America [sic], should necessarily submit to some kind of *arbitrary régime;* this is my conviction: no matter what may be the communal life of any group of people, first and foremost there must be full freedom of thought for every individual. In communal living people can be united only by their vital material interests, something that requires a sense of community in and of itself.

How I would like to be at this very moment with those who have gone to America [sic]! I think some agriculture could be arranged quite properly in the early days. I know that some good people are looking after the re-settlement there, but it is very important to arrange things properly, as their future life depends on it. I would

ная жизнь. Я был бы сторонник такого соглашения: поселки должны обстраиваться как и вообще строятся села, т. е. дома — смотря по месту положения, должны строиться по линии и, хотя общими мерами и силами, но домики небольшие помещения только на каждую отдельную семью. Помещения же, в которых могут храниться чисто общинного свойства вещи, например хлеб и т. подоб., для хлеба амбар должен быть выстроен особняком. В дальнейшей жизни такие благоустройства как мастерские, маслобойни, мельницы каждым селом могут быть построены общими силами и для общего интереса. Если только земля плодородна, то можно орудия первой сельской необходимости взять от существующих там заводов в кредит, даже и такие вещи как для установки мельниц, например, турбины современного усовершенствования и проч. Это все за несколько лет могло бы обработаться, хотя заходить в «кабалу» само по себе уже неправильно.

Поселки должны быть не более 50-ти семейств, это важно в интересах удобства обработки полей. Большого села неудобства те, что поля будут отстоять далеко. 50 семейств и то надо считать большим поселком в видах размножения потомства. — Но конечно, возможно тогда отселение. — Обучение грамоте детей — включительно и девочек, надо считать на первых же порах необходимостью. Грамотность я считаю необходимой только ту, *чтобы уметь читать и писать*, не придавая грамотности положительного воспитательного значения. Хорошо бы достигнуть такой жизни, чтобы грамотность преподавалась отцом ребенка, или старшим братом, сестрой, как преподается в народной жизни штопанье, починка лаптя, вязка бороны, чулок и т. под. Только надо избегать того, чтобы ребенок «профессионально» не сделался сапожником, или девочка чулочницей, как многие люди, сделавшись «профессорами грамотности», остаются, в других отделах жизни, совершенными профанами; и находятся, большою частью, в положении «щедринских генералов».

С сосланными в Якутск братьями я переписываюсь. Обживаться им там может быть и не совсем удобно, но все-таки они пишут мне письма веселого характера. Они уже пробовали там сеять хлеб и садить кое-какие овощи, результат урожая вышел удовлетворительный. Только характерна была разделка земли: первое лето у них была одна лошадь, на которой сохой они и пахали, в другую же соху впрягалось 10 человек и тоже пахали! Это я прочел в «Неделе» 51№, перепечатка из какой-то газеты якутского корреспондента.

Вырезку этой заметки я послал им и просил сообщить, что действительно ли они пахали землю, впрягаясь в соху? Положим, особенного в этом ничего и нет, но все-таки характеризует о их стойкости взгляда по отношению земли, т. е. непосредственно от земли добывать себе «насущный хлеб», при каких бы обстоятельствах не пришлось этого достигать.

support an agreement whereby villages were constructed as they usually are, i.e., the houses built in rows according to the lay of the land, but even if built by common efforts and using common standards, the little houses would each have room only for a single family. As for space for storing purely communal things like grain etc., a separate barn should be built for grain. Later facilities like repair shops, creameries and mills, could be built by each village for their common interest and through their collective efforts. As long as the ground yields fruit, essential agricultural equipment could be purchased on credit from local factories, and even such things as are needed to set up a mill, for example, state-of-the art turbines, etc. This could all be worked out over a period of several years, although getting into debt up to your ears is not by itself a right thing to do.

The settlements should comprise no more than fifty households each; this is important for convenience in cultivating the fields. The disadvantage of a large village is that the fields are a long ways out. Fifty households must be considered a large settlement when [you think of] the offspring being multiplied. — But of course then they could move away [to new villages]. — Teaching literacy to the children, including the girls, must be considered a priority right at the start. The only literacy I consider essential is the *ability to read and write*, without attributing to literacy any positive signification for bringing up children. Ideally, literacy should be taught by the child's father, or an older brother or sister, just like the mending of clothes and shoes, the knitting of stockings, the binding of harrow chains, etc. Only you have to watch out that the child doesn't become a 'professional' cobbler, or a girl become a hosiery-maker, like many people who become 'professors of literacy' but remain perfect ignoramuses in other departments of life, ending up, for the most part, in the position of 'Shchedrin's generals'.[1]

I am in touch with the brethren in Yakutsk. Their life there may not be all that easy, but they write me cheerful letters all the same. They have already tried sowing grain and planting a few choice vegetables, and the results have been satisfactory. Only the tilling of the soil was typical: the first summer they had but one horse to plough with, so they harnessed ten men to the other wooden plough and they ploughed too! I read that in issue No 51 of *Nedelya*, it was reprinted from some newspaper their Yakutsk reporter had.

I sent them a clipping of that story and asked them to tell me whether they really ploughed the ground harnessed up that way! I don't suppose there's anything special in it, but still it is typical of their determination as regards the land, i.e., to get their 'daily bread' directly from the land, by whatever means necessary.

You are probably aware that there altogether seventy-three of our brethren in Yakutsk. They are settled on the Notora River. Some have had their wives come to be with them. Some serious thought must be given to the plight of the exiles and I have come to

Вам вероятно известно, в Якутске всех наших братьев 73 человека. Посажены они на реке, Нотор. К некоторым поехали жены. О положении сосланных также надо серьезно подумать и я прихожу к ниже следующему заключению: ходатайствовать пред правительством, чтобы нас всех — сосланных — отпустили за границу — я уже послал просьбу Министру Внутренних Дел, которую предлагал представить на усмотрение Императору. Недостаток моих просьб только тот, что они носят оттенок указания, а не положительной просьбы, которая властям вообще нравится. В посланном заявлении, я указывал на то, что «правительство ничего не потеряет, если отпустит за границу и всех разосланных Христиан нашей общины. Оно только избавится вредных ему людей».

Таково мое основное мнение, т. е. выехать нам всем, сосланным, в Америку к своим братьям (здесь важно то, что некоторых сосланных жены выехали уже за границу в надежде, что мужья их исходатайствуют освобождение), если же правительство положительно не разрешит нам выехать из России, то стараться приспособляться обживаться здесь, стараясь также более или менее поставить сельское хозяйство на правильную почву. Как показало испытание, на Ноторе хлеб может расти, то это уже подает надежду жить сельским хозяйством; тогда и я буду проситься переселить меня в Якутск к братьям. Трое из моих родных братьев поселены отдельно за несколько сот верст ото всех остальных на речке Майе. Их отдельно поселили как главных «буянов»...

Письмо, которое писалось у Вас в прошлом году бывшими с Закавказья братьями и Вашей припиской, я получил только недавно. Оказывается, ее привозили несколько раз в Обдорск, но по боязни полиции не могли передать мне. Здесь за все время моего жительства люди сильно затращиваются и по словам полицейского, чуть ли не за одну только встречу со мной человек должен пойти в ссылку, не говоря уже о возможности близкого знакомства. Особенно Церковь «горячо» агитирует против сближения людей со мною. Очень часто говорятся проповеди, в которых открыто упоминается моя фамилия. Этим занимается миссионерская Церковь, в которой находится здесь три попа, два из них монахи. Я несколько раз при встрече замечал им — визитацией мы знакомы — что такая открытая нахальная агитация противоречит самой простой деликатности, не говоря уже о положительной вежливости. Они отвечают, что: «их вынуждают поступать так текущие обстоятельства» — ? — В прошлом или кажется еще в 97 году по осени, я добился от них согласия права возражения в церкви же, в интересах точности в рекламировании ими народу о характеристике нашей общины, — так как они стараются очернить вообще всю жизнь нашей общины[1]. Конечно, этот диспут вышел очень «скандальный», они и до сих пор сожалеют о том, что позволили мне говорить. Здесь было нарушено известное правило церковного устава, второе — им серьезно было пред народом не-

the following conclusion: petition the government to let all of us (exiles) go abroad — I already sent a request to the Minister of Internal Affairs, which I asked to be presented to the Emperor for consideration. The only failing of my requests is that they look more like directives rather than the positive requests favoured by the authorities on the whole. In the statement I forwarded to them I indicated that 'the government won't lose anything by letting all the re-settled Christians of our community go abroad. It will only be ridding itself of people who are a danger to it.'

This is my basic belief, namely that all of us exiles should go to our brethren in America [sic] (it is worth mentioning here that some of the exile's wives have already gone abroad in the hope that their husbands will win their release by petition); however, if the government positively refuses to let us leave Russia, we should try to adjust to making ourselves at home here, and try as best we can to set up our farming on the right footing. As the experiment has shown, it is possible to grow grain on the Notora; this already gives us some hope for making a living by farming; in that case I shall ask them to transfer me to the brethren at Yakutsk. Three of my blood brothers were settled separately several hundred versts from all the rest, on the river Maya. They were settled separately as the main 'rowdies'.

I only recently received the letter which was written at your place last year by the three Caucasus brethren who were with you, along with your attached note. It turns out they had [actually] brought it several times to Obdorsk, but couldn't give it to me for fear of the police. During the whole time of my stay here people have been very frightened, and according to one policeman, a person can almost get sent into exile just for one meeting with me, not to mention the possibility of close friendship. The Church is especially 'ardent' in warning people against getting close to me. They quite often preach sermons openly mentioning me by name. This is being done by the missionary Church; the one here includes three clergymen, two of them monks. I have pointed out to them several times upon meeting — we have got to know each other through visits — that such an openly hostile attitude goes against even the simplest courtesy, let alone downright politeness. They reply that 'current circumstances compel them to act that way' — ? — Last year, or possibly back in '97, in the fall, I got their agreement on my right of reply in the church, in the interests of accuracy in their reports to the people on the nature of our community, — since they are trying to blacken the whole life of our community.[2] Naturally this debate turned out to have a 'scandalous' effect, even today they regret they ever gave me permission to speak. Not only had a certain church regulation been broken, but they were placed in a serious and awkward situation vis-à-vis the people — thus the Church was packed to overflowing; after I outlined a brief but well-reasoned account of our community's views and our efforts to live as much as possible the Christian way

ловко — по этому поводу Церковь была «битком набита» народом, когда я в обстоятельной и краткой речи объяснил о воззрениях нашей общины и стремлении жить по возможности по-христиански, народ в недоумении смотрел на возбужденные физиономии попов. Когда же я заметил, что священство организованной своею церковной обстановкой только скрывает настоящую истину от народной жизни и следовательно народ держится в порабощении, попы совершенно «взбунтовались». Речь моя близилась уже к концу, и диспут прекратился. Слухи были, что Архиерей из Тобольска им делал строгое замечание за такую допущенность.

С последней почтой получена телеграмма, отец мой 15го Янв. умер. Смерть эта нормальна — отцу уже было слишком за 80 лет. Одежда его довольно поносилась! —

Несколько слов о моей жизни в данное время: квартиру я занимаю комнату в квадрате 6-тиаршинном, к одной стене установлены столярный верстак и токарный станок, по стене расположены инструменты; на противоположной стене около кровать и вешалка для платья, к кровати вдоль стоит трехаршинный стол, на одном конце установлена этажерка с книгами. На этом столе я обедаю, пью чай и пишу. Комната довольно удобная и светлая, 4 окна и все расположены к солнцу к С.-В. — Желаю Вам, Л. Ник., всего хорошего от Бога, и поклонитесь всем знакомым; здоров слава Богу.

П. Веригин.

Переписка, кроме чисто родственной, не допускается.

— Адрес: в *Обдорск*
Алексею Никитичу Чупрову.

Толстой получил это письмо лишь в январе 1902 г. (см. *письмо 11*). В архиве сохранилась сопроводительная записка от 15 ноября 1901 г., подписанная: «Человек» (им был А. И. Степанов), с объяснением, что письмо Веригина все это время ходило между Тобольском и Обдорском, пока не смогло попасть в руки лицу, которое могло его переслать по назначению.

[1]См. об этом в *письме 6* от 16 августа 1898 г.

of life, the people looked at the priests' perturbed faces with great astonishment. When I pointed out that the priesthood through their organised ecclesiastical position were only hiding the real truth from the life of the people and consequently the people were being held in bondage, the priests literally revolted. My talk was already drawing to a close, and the debate ended. It was rumoured that the Archbishop of Tobol'sk gave them a severe reprimand for such 'permissiveness'.

In the latest post I received a telegram, saying that my father died on the 15th of January. His death was natural — my father was already well past eighty. His clothing was quite worn out! —

A few words about my life at the moment: I occupy a room six arshins square;[3] a joiner's bench and a lathe have been set up against one wall; various tools are arranged on the wall itself; by the opposite wall there is a bed and a clothes tree, and beside the bed a table three arshins along, with bookshelves at one end. I use this table for eating, taking tea and writing. The room is quite comfy and bright, there are four windows, all facing the north-east sun. — I wish you, Lev Nikolaevich, all good from God, and give my regards to all the people I know; I am healthy, thank God.

P. Verigin.

No correspondence is permitted, except with family.

— Address: Aleksej Nikitich Chuprov, *Obdorsk*

Tolstoy did not receive this letter until January 1902 (see Letter No 11). In the archives there is an accompanying note dated 15 November 1901 signed 'Chelovek' ['A Person"] (this was A.I. Stepanov), explaining that Verigin's letter had been all this time going back and forth between Tobol'sk and Obdorsk, waiting for someone who could take it to its destination.

[1] The reference is to the generals of a fictional account by the Russian satirist M.E. Saltykov-Shchedrin.

[2] Cf. Letter No 6 of 16 August 1898.

[3] *arshin* — a unit of measurment equivalent to seven-tenths of a metre. Note that 'six arshins' is probably a subtle allusion to Tolstoy's story 'How much land does a man need?' written in 1886.

10. Л. Н. Толстой — П. В. Веригину
20 января 1901 г. Москва.

20 января 1901. Москва.

Дорогой брат Петр Васильевич,

Пересылаю Вам по желанию Бодянского письмо его к Вам, касающееся Вас и братьев, живущих в Канаде[1]. Я совершенно согласен с ним, что если и существует среди духоборов такое дикое суеверие, по которому они приписывают Вашей личности сверхъестественное значение, то даже и в виду пользы, которую можно извлечь из такого суеверия, благотворно влияя на слабых людей, не следует поддерживать его, в чем я вперед уверен, Вы тоже совершенно согласны, и что если такое суеверие существует, то оно существует помимо Вашей воли. Не согласен я только с Бодянским в том, что он допускает исключительное по оказываемому ими влиянию некоторых лиц. Я думаю, что это не так, и в христианском обществе все равны и все поучаются друг у друга: старый у молодого, образованный у неученого и умный у недалекого умом, и даже добродетельный у распутного. Все поучаются друг у друга, смотря по тому, через кого в данное время говорит дух Божий. Особенных людей нет: все грешны и все могут быть святы. Сведения, которые он (Бодянский) сообщает о жизни братьев в Канаде, судя по тому, что я слышу от приехавших оттуда, справедливы, но я думаю, что он слишком строг к ним и что в них не угасает огонь религиозного служения Богу жизнью. Если же когда и затемняется, то наверное разгорится с новою силой. Прилагаю Вам еще письмо ко мне Пономарева и Потапова, из которого Вы увидите, чем они озабочены[2].

Я очень сожалею о том, что давно не имею от Вас известий. Я писал, но, видно, путь, по которому я писал, не верен. Я и друзья наши помним о Вас, и я, по крайней мере, не перестаю пытаться уговорить правительство, чтобы оно отпустило Вас и других сосланных. На днях сделал новую попытку, написав об этом письмо государю[3]. И не знаю, что из этого выйдет. Думаю, что ничего. Буду пытаться еще. Прощайте, братски приветствую Вас.

Лев Толстой.

Прилагаю письмо к Вам братьев.

10. L. N. Tolstoy to P. V. Verigin
20 January 1901. Moscow.

20 January 1901. Moscow.

Dear Brother Petr Vasil'evich,

At Bodyanskij's request I am sending along his letter to you, concerning you as well as the brethren living in Canada.[1] I quite agree with him that if the Doukhobors indeed harbour a personal superstition, ascribing a supernatural significance to your personality, in spite of any advantage which might ensue from such a superstition, [such as] exercising a beneficial influence on the weaker ones, it should not be encouraged, as I am sure you fully agree, and that if such a superstition exists, it exists against your will. The only point on which I differ with Bodyanskij is that he would allow an exception in the case of certain individuals' influence. I don't think that's right; I believe that in a Christian society all are equal and that everybody learns from each other: the old from the young, the educated from the uneducated, the clever from the dull-minded, and even the virtuous from the reprobate. Everybody learns from each other, depending on through whom and at what time the spirit of God speaks. There are no special people: all are sinful and all may be saints. From what I hear from those who have been in Canada, the information he (Bodyanskij) gives about the life of the brethren there is correct, but I think he is too harsh on them and that the spark of religious service to God is not being extinguished in them. If and when it should be dimmed [for a while], it will no doubt flare up again with renewed strength. I am sending along to you another letter [written] to me by Ponomarev and Potapov, from which you will see what they are concerned about [at the moment].[2]

I am very sorry not to have heard any news from you for a long time. I have been writing, but apparently the channels by which I have [sent the letters] are not reliable. Our friends and I are thinking of you, and I at least have not ceased trying to persuade the government to let you and the other exiles leave. I made another attempt just the other day, with a letter on this subject to the Tsar.[3] I have no idea what will come of it. Quite possibly nothing. But I shall try again. Farewell. My best brotherly wishes to you.

Leo Tolstoy.

I am enclosing the brothers' letter to you.

¹А. М. Бодянский (1842–1916), помещик, отказавшийся от земли в пользу крестьян. В 1892 г., за сношения с сектантами был арестован и сослан в Закавказье. Спустя семь лет эмигрировал в Канаду, где жил среди духоборцев. В 1905 г. вернулся в Россию. Письмо Бодянского к Веригину неизвестно.

²И. Пономарев и В. Потапов писали Толстому из Канады 31 декабря н. ст. 1900 г. о несогласиях с канадским правительством по вопросам о собственности на землю и о регистрации актов гражданского состояния. Толстой ответил им 18 января 1901 г. (Т. 73, С. 17-18), считая первый пункт очень важным, относительно же записи новорожденных, умерших и вступающих в брак считал возможным согласиться с властями.

³Письмо Толстого царю Николаю II от 7 декабря 1900 г. (Т. 72, С. 514-516) с призывом прекратить гонения за веру. Там же содержалась просьба разрешить женам и матерям сосланных в Якутскую область вернуться в Россию.

Толстой и крестьянские дети в Ясной Поляне
Tolstoy and peasant children at Yasnaya Polyana

[1] A.M. Bodyanskij (1842–1916) — a landowner who gave up his land to the peasants. In 1892 because of his contacts with the Doukhobors he was arrested and sent to the Caucasus. Seven years later he emigrated to Canada, where he lived among the Doukhobors. He returned to Russia in 1905. The whereabouts of Bodyanskij's letter to Verigin are unknown.

[2] I. Ponomarev and V. Potapov wrote to Tolstoy from Canada 31 December 1900 about disagreements with the Canadian government on questions of land ownership and registration of vital statistics. In his reply of 18 January 1901 (Vol. 73, pp. 17–18) Tolstoy considered the first point very important, but thought an agreement with the authorities possible on the registration of births, marriages and deaths.

[3] The reference is to Tolstoy's letter to Tsar Nicholas II dated 7 December 1900 (Vol. 72, pp. 514–516), with an appeal to cease religious persecution, along with a request to allow the wives and mothers of those sent to the Yakutsk area to return to Russia.

Л. Н. Толстой: «На пашне» (рис. И. Е. Репин)
L.N. Tolstoy: 'Ploughing' (from a painting by Il'ya Repin)

11. Л. Н. Толстой — П. В. Веригину
17 января 1902 г. Гаспра.

Любезный брат Петр Васильевич, письмо Ваше от февраля 1899 года я получил только теперь. Какой-то неизвестный человек переслал мне его[1]. Вероятно, Вы знаете из других источников о жизни Ваших и моих братьев в Канаде, скажу Вам только вкратце, что, по всем последним сведениям, они живут матерьяльно хорошо и не только не нуждаются более в помощи, но оказывают ее другим. Желательно бы было, чтобы они и духовно также преуспевали. И думаю, что это так и будет, несмотря на то, что с внешней стороны многие из них в настоящее время как бы ослабели: оставили общую жизнь и предались соблазнам[2]. Я думаю, что такое отступление от христианской по внешности жизни не будет им во вред и поведет их вперед к совершенствованию, к которому стремится и движется все живущее. Христианская закваска в них так сильна, что, вкусив мирской жизни, они не могут не пожелать возвратиться к христианской. И если они вернутся, то вернутся сознательно, а не по стадному чувству и подчинению авторитету, как это для многих было теперь.

Еще мне хотелось сказать Вам, что мне очень не нравится их отказ от принятия земли в личную собственность. Такой отказ мог бы иметь смысл, если бы они во всем другом были совершенны. А то в более важном они отступают от требований христианской жизни, а тут вдруг из-за номинального признания собственности земли (они всегда могут, приняв землю в личную собственность, пользоваться ею на начале общинности) они расстраивают свою жизнь. То же и об отказе их о записи браков и рождений. Еще будут вопросы, когда для них придется отстаивать свои христианские верования или, скорее, христианскую жизнь, как, например, вопрос войны или суда и тому подобных — тогда пускай постоят всеми силами.

Давно ничего не знаю про Вас. Пишите мне о себе, Ваших чувствах, мыслях, намерениях. Пишу Вам мало, потому что не надеюсь, чтобы письмо дошло до Вас, и, кроме того, что болен уже давно и быстро, думаю, приближаюсь к смерти или, точнее, к переходу в другую форму жизни, и пишу в постели. Пусть это послужит Вам извинением за мой дурной почерк.

Братски целую Вас.

Брат Ваш Лев Толстой.

17 янв. 1902 г.

11. L. N. Tolstoy to P. V. Verigin
17 January 1902. Gaspra.

Dear Brother Petr Vasil'evich, I have only now received your letter of February 1899. Some stranger passed it along to me.[1] You probably know from other sources about the life of your brethren and mine in Canada; I shall tell you only briefly that, according to the latest reports, their material needs are being well supplied; not only have they no further need of help, but they are helping others. I only hope they are also prospering spiritually. And I believe they will, in spite of the fact that outwardly many of them seem to have somehow been weakened at present: they have forsaken the communal life and given in to temptation.[2] I think such a departure from the appearance of Christian life will not harm them and will lead them on toward the perfection all living beings strive for and are moving toward. The Christian leaven in them is so strong that, having tasted worldly life, they cannot help but wish to return to the Christian life. And if they return, they will do so consciously, and not simply out of a feeling of gregariousness or submission to authority, as is the case with many of them now.

There is something else I should like to tell you, namely, that I am most unhappy about their refusal to accept personal ownership of land. Such a refusal would be meaningful if they were perfect in everything else. But in the more important things they are departing from the requirements of a Christian life, while here all at once they are wrecking their lives over a formal acknowledgement of land ownership (once they have received the land as personal property, they can always make use of it on a communal basis). The same is true of their refusal to register births and marriages. There will still be questions on which they will have to stand up for their Christian beliefs — or, rather, their Christian life — such as, for example, the question of war, or the courts, and so on — then is the time to stand firm with all their might.

I haven't heard anything about you for a long time. Write to me about yourself, your feelings, thoughts and plans. I am keeping this letter short as I fear it may not reach you, and besides, I have been ill for a long time and I feel I am quickly drawing closer to death, or rather to the transition into another form of life, and I am writing in bed. Perhaps that will serve as an excuse for my poor handwriting.

Embracing you in brotherhood,

Your Brother, Leo Tolstoy.

17 Jan. 1902

[1]См. прим. к *письму 9* (стр. 45).

[2]Об этом же Толстой писал в обращении «Духоборам, переселившимся в Канаду» в феврале 1900 г. (Т. 72, С. 305-310).

> Уважаемый Левъ Николаевичъ, чрезъ такое долгое молчанiе, собрался написать Вамъ хоя нѣсколько строкъ. Начну прямо съ вопроса, которымъ мысль моя занята въ данное время, — О переселенiи Закавказскихъ христiанъ въ Америку. О выселенiи заграницу, вообще, у меня не было раньше никакихъ предположенiй, хотя еще бывши на родинѣ бывали разсужденiй, что если правительство не будетъ позволять жить намъ согласно убѣжденiй, то мы вынуждены будемъ просить о отпускѣ насъ заграницу. Что и произошло на фактѣ. У меня есть большая надежда — если выѣхавшiя наши братья, благополучно переплывъ океанъ, и будутъ поселены на мѣсто, то должны зажить хорошо. Безспорно, потребуется большая сноровка къ новому мѣстоположенiю. Надо сказать, за это десяти-

Первая страница письма П.В. Веригина к Л.Н. Толстому 1.II.1899 г.
First page of Verigin's letter to Tolstoy 1 February 1899 (Letter No 9)

[1]See note on Letter No 9 (p. 45).

[2]Tolstoy wrote about this in February of 1900 in his missive 'To the Doukhobors who have emigrated to Canada' (Vol. 72, pp. 305–310).

> Письмо П. Веригина к Вам, Лев Николаевич, с означенного на нем срока, по Ноябрь месяц 901 г. ходило между Тобольским и Обдорским — взад вперед, но не могло попасть в руки лицу, которое бы его переслало по назначению. Кроме того, думаю имеется письмо Степанова; последнее писано очень давно, но по разным обстоятельствам" не пересылалось.
>
> Человек
>
> Июля 2/д 15 дня 1901 г.

Письмо, подписанное «Человек» (см. прим. к *письму 9*, стр. 45)
Letter signed *Chelovek* ['A Person'] (see note on Letter No 9, p. 45)

12. П. В. Веригин — Л. Н. Толстому
15 ноября 1902 г. Christchurch.

15го Ноября 1902 г. Англия.

Дорогой друг Лев Николаевич!
Простите, что долго не уведомил Вас о своем путешествии. Шлю Вам душевный привет и прошу передать Софии Андреевне и всему Вашему семейству, а также кланяюсь всем, которых я видел у Вас. Дай Бог Вам здоровья и благополучия[1].

Я живу уже слишком неделю у милой семьи Чертковых[2]. Прибыл 5го числа. 20го предполагаю выехать в Америку. Очень долго пробыл здесь, надо бы скорее ехать к старушке матери. Был в Лондоне на собрании. У меня совсем не было желания, но Владимир Григорьевич объяснил мне, что необходимо надо показаться английскому обществу. Немного все-таки вышло так, что я иллюстрировал себя как «белого медведя» из России, потому что по-английски не понимаю ни одного слова. Владимир Григорьевич прочел довольно хорошо написанный им очерк о Духоборцах вообще и в особенности о последнем движении[3], стараясь объяснить это движение, исходящее от причин более или менее уважительных, тогда как в печати большою частью очень грубого характера осуждение.

Публика выслушала внимательно, после предложено было мне несколько вопросов из духоборческих взглядов. Переводил Владимир Григорьевич.

В последнем движении практического смысла — кажется, нет, но Бог даст может кончится все благополучно.

Из Канады я напишу Вам подробно.

Желаю Вам всего хорошего от Бога. Здоров.

Петр Веригин.

---

[1] Веригин был в Ясной Поляне 30–31 октября 1902 г. по пути из ссылки в Канаду.

[2] В. Г. Чертков был выслан за границу в 1897 г. «за пропаганду и незаконное вмешательство в дело сектантов». Жил в Англии, издавая запрещенные в России сочинения Толстого. Семья Чертковых смогла вернуться в Россию летом 1907 г.

[3] Речь идет о «движении к паломничеству». См. *письмо 13*.

12. P. V. Verigin to L. N. Tolstoy
15 November 1902. Christchurch.

15th November 1902. England.

Dear Friend Lev Nikolaevich!

Forgive me for not informing you for such a long time on the progress of my trip. I send you my heartfelt greeting, and ask you to pass along my regards to Sofia Andreevna.[1] God give you health and prosperity.[2]

I have been staying for over a week now with the dear Chertkov family.[3] I arrived here on the 5th of the month. On the 20th I plan to leave for America [sic]. I have been here rather long; I should have gone straight to see my elderly mother. I was at a meeting in London. I wasn't going to go, but Vladimir Grigor'evich persuaded me that I must show myself to the English community. It still turned out that I presented myself a bit like a Russian 'polar bear', since I don't understand a word of English. Vladimir Grigor'evich read a rather well-written account he had prepared about the Doukhobors in general and especially about the latest movement,[4] attempting to explain this movement, which grew out of more or less respectable motives, while for the most part it has been rather crudely condemned in the press.

The audience listened attentively, and later I was asked [to explain] the Doukhobor views on several issues. Vladimir Grigor'evich interpreted.

There does not seem to be much practical sense in the new movement, but, God willing, everything will turn out all right.

I shall write you in detail when I get to Canada.

I wish you all good from God. I am in good health.

Peter Verigin.

---

[1] Sofia Andreevna — Tolstoy's wife.

[2] Verigin was in Yasnaya Polyana 30–31 October 1902 on his way from exile to Canada.

[3] Vladimir Chertkov was sent abroad in 1897 'for propaganda and illegal interference in sectarian affairs'. He lived in England, where he published works by Tolstoy that had been banned in Russia. The Chertkov family was able to return to Russia in the summer of 1907.

[4] The reference is to the 'pilgrimage movement' — see Letter No 13.

Плакат, отмечающий 100-юю годовщину сжигания духоборами огнестрельного оружия на Кавказе (1895–1995) и их приезда в Канаду (1899–1999). На снимке: Приезд первой партии духоборов в Канаду на пароходе «Лэйк Хьюрон» (янв. 1899 г.) Фото снял актер МХАТа Леопольд Антонович Сулержицкий, помогавший духоборам эмигрировать.

Poster commemorating the 100th anniversary of the Doukhobors' Burning of Arms in the Caucasus (1895–1995) and their arrival in Canada (1899–1999). The photo shows the first group of Doukhobors arriving in Canada in January 1899 aboard the S.S. Lake Huron. The picture was taken by Leopold Sulerzhitskij, a Moscow Art Theatre actor who helped the Doukhobors emigrate.

Друзья духоборов, помогавшие им эмигрировать в Канаду. *На переднем плане:* медсестра Саша Сац, толстовец князь Д. А. Хилков, представитель канадского Министерства иммиграции У. Ф. МекКрири, медсестра Анна Рабиц. *На заднем плане:* граф С. Л. Толстой, медсестра Анна де Кароуса, артист МХАТа Л. А. Сулержицкий

Friends of the Doukhobors who helped them emigrate from Russia.
Front row: Sasha Satz (nurse), Prince Dmitrij Khilkov (a 'Tolstoyan'), W.F. McCreary (Canadian Immigration Commissioner), Anna Rabitz (nurse).
Back row: Count Sergej Tolstoy (son of the writer), Anna de Carousa (nurse), Leopold Sulerzhitskij (actor of the Moscow Art Theatre)

Члены Духоборческой общины строят железную дорогу «Канэйдиан Пасифик» (см. стр. 100). Фото: Публичный Архив Канады

Members of the Doukhobor community building the Canadian Pacific Railway (see p. 100). Photo: Public Archives of Canada

13. П. В. Веригин — Л. Н. Толстому
12 января 1903 г. Потерпевшее.

12го Янв. 1903 г. Село Потерпевшее.
Льву Николаевичу Толстому

Простите, дорогой Друг Лев Николаевич, что до сих пор не написал Вам подробного письма о своем путешествии. За дорогу, конечно, можно бы написать не одно письмо, но я очень не аккуратный корреспондент. Послать телеграммы — переехав границу, при всем желании не мог, боялся остаться где-либо от поезда, а потому почти не выходил из вагона до самого Лондона; где меня встретил с распростертыми объятиями Владимир Григорьевич Чертков. В этой милой семье, как родной, я провел незаметно время две недели. Анна Константиновна хотя больна телом, но бодра и сильна духом. Чертковы работают очень много. Владимир Григорьевич проводил меня до Ливерпуля и усадил на пароход. Переезд чрез океан был очень бурным. В пристани Сенджона на пароходе всех пассажиров продержали четверо суток, при осмотре медицинской инспекцией, оказался один человек с признаками болезни оспы. В Сенджон прибыли встретить меня три Духоборца и из Оттавы Министр командировал человека, который предложил, если я иметь буду свободное время, то Министр желает меня видеть в Оттаве. Я дал согласие и виделся. О деле поселения Духоборцев я отклонил разговор, предупредив Министра, что я пока как гость в Канаде. Министр любезно обошелся со мной. Через три дня я был уже в Духоборцах. Вы можете судить, добрейший Лев Николаевич, как душа моя была переполнена восторгом радостных чувств при въезде в первое село Духоборцев — это было село «Благодарное». Второе село было где живет моя мать, которую я застал очень бодрой и по летам довольно здоровой.

Перехожу к более важному вопросу из жизни Духоборцев — их последнего движения к паломничеству. Место сего письма и время мне не позволяют объяснить подробно свое мнение о этом движении — или, вернее, о истинном значении этого совершившегося факта. В основе легли три смешанных чувства, побудивших оставить местожительство 1500 человек Духоборцев и двинувшихся в путь почти без определенного направления. — Агенты как со стороны канадского Правительства, а равно и со стороны Духоборцев все люди, которые принимают участие в освобождении из тяже-

13. P. V. Verigin to L. N. Tolstoy
12 January 1903. Poterpevshee.

12th Jan. 1903. Village of Poterpevshee.[1]
To Lev Nikolaevich Tolstoy

Forgive me, dear Friend, Lev Nikolaevich, that I have not so far written you a detailed letter about my trip. On the way, of course, I could have written several letters, but I am not a very regular correspondent. Even though I very much wanted to send you a telegram once I had crossed the border, I couldn't, I was afraid I might get left behind by the train, and so I hardly stepped outside the carriage right until we reached London, where Vladimir Grigor'evich Chertkov greeted me with outstretched arms. I spent two weeks with this dear family, hardly noticing the time. Though Anna Konstantinovna is physically ill, she is cheerful and strong in spirit. Vladimir Grigor'evich went with me to Liverpool and saw me aboard ship. The crossing was quite stormy. All the passengers had to wait four days on the ship in the harbour at Saint John for medical inspection; it turned out there was one person on board with symptoms of smallpox. Three Doukhobors came to meet me in Saint John along with someone sent by the Minister from Ottawa, who told me that if I had the time free, the Minister would like to see me in Ottawa. I agreed and went to see him. I declined to talk about the matter of the Doukhobor emigration, and advised the Minister that I was still like a guest in Canada. The Minister was very kind to me. Just three days later I was with the Doukhobors. You can imagine, my dear Lev Nikolaevich, how my soul was overflowing with ecstasy and feelings of joy upon arriving at the first Doukhobor village — that was the village of Blagodarnoe.[2] The second village was the one where my mother is living; I found her extremely cheerful and quite healthy for her years.

I should now like to touch upon a more important question in the Doukhobors' life — their recent 'pilgrimage movement'. The place and time of writing this letter do not allow me to go into detail as to my own opinion on this movement — or rather, on the true significance of what amounts to an accomplished fact. At the bottom of it there are three mixed feelings which prompted some fifteen hundred Doukhobors to leave the place where they were living and set out on the road without any particular direction. — Neither the representatives of the Canadian Government nor the Doukhobor people who have been looking after their liberation from their sorry

лого положения Духоборцев, начиная с Кавказа и до последних дней, — не выяснили точно и подробно как политических так земельно-экономических обязательств Духоборцев — если бы они остановились жить в Канаде. Это неясное состояние затягивало приемку земли и привело к тому, что в среде Духоборцев возникло мнение, что порядки правительственные суровы, и часть Духоборцев решила оставить предлагаемую им землю. Говоря: *«мы пойдем искать истину»*, то есть более человечных отношений Правительства к поселенцам. Другие — из трех «чувств» данной группы, говорили, что климат в Канаде холоден и они как вегетарианцы не могут ужиться при таком климате; *пойдем найдем более мягкий климат*. Третьи говорили: «Земля здесь плодородна и климат если и холоден, но зато очень здоровый, оставаясь жить мы будем благоденствовать, но там в мире — в человечестве всего земного шара много бедствует людей, наших братьев и сестер, мы пойдем и скажем всем по пути, чтобы люди оставили курить табак, пить водку, иметь ссоры, прекращать военные организации и не угнетать сильно людей, своих братьев, например, находящихся в рудниках и других общественных работах». Это объяснение дали мне в буквальном значении люди, принадлежащие к третьей группе «из трех чувств», — так называемые «проповедники учения Христа».

Мое личное впечатление о всех 1500 человек, насколько я их видел, люди эти выглядят очень степенными и разумными, не исключая женщин и девушек, многие из которых говорят мне, что они решили не выходить замуж, а жить работая духовно в пользу Христа, то есть в уравнении прав человека в общежитии.

Вот все пока, что я знаю из этого движения. Вы как глубокий психолог, Лев Николаевич, можете сами разбираться в таком явлении, в общем и в частности, явлении в среде Духоборцев. Еще добавлю свое мнение, я не могу выделять это движение от общечеловеческого наболевшего вопроса неравномерной жизни.

Из Менидоса, в 130 миль от Духоборческих поселений, всей партии предложено правительством вернуться обратно. Все Духоборцы с полисменами держали себя очень кротко и насилий не было. Сейчас живут по своим домам, пищи вдоволь, со дня моего приезда правительственное пособие отклонено.

Я сравниваю это движение с поступком Авраама в принесении сына в жертву Богу, и когда Авраам занес нож, чтобы заколоть человека, Ангел Господень остановил руку — или скорее, Авраам сам пришел в сознание, что резать сына не надо, и сказал Бог: возьми сына своего, пойди домой и живи славя Бога[1]. Свое мнение я высказал почти всем Духоборцам, которые ходили, оставив

plight, beginning in the Caucasus right up to now, have explained accurately or in detail what the political as well as the territorial and economic obligations of the Doukhobors would be should they decide to stay and live in Canada. This state of uncertainty has delayed the acceptance of land, and has led to one opinion among the Doukhobors that the government's conditions are too strict, and so some Doukhobors have decided they should leave the land that was offered to them, saying *'Let us go and search of truth'*, i.e., in search of a more humane attitude toward the settlers on the Government's part. Others in this group of three 'feelings' declared that the Canadian climate is too cold and that as vegetarians they would never get used to a climate like this; *let's go and find a milder climate*, they said. According to a third opinion: 'The land is fruitful here, and the climate, even though cold, is still a very healthy one; we shall prosper living here, while out there in the world — in humanity world-wide — there are many poor people, our brothers and sisters; let us go and tell everyone along the way that people must stop smoking tobacco, drinking vodka and quarrelling, put an end to military organizations and the violent oppression of people who are their brethren — people working in the mines, for example, or in other types of community labour.' This was the literal explanation given me by those who belonged to the third group of the 'three feelings' — the so-called 'preachers of Christ's teachings'.

My own personal opinion about all those fifteen hundred people, as far as I can tell, is that all these people seem very solid and reasonable [members of the community], including the women and girls, many of whom tell me they have decided not to get married but to live and work spiritually for Christ, i.e., for the equalization of human rights in community life.

That is all I know about this movement so far. As a deep-thinking psychologist, Lev Nikolaevich, you will be able to understand this phenomenon that has arisen among the Doukhobors for yourself, in general and in the particular. I shall add my own opinion: I cannot seem to distinguish this movement from the overall question of injustice in life that is vexing mankind.

The whole party was recommended by the government to turn back at Menidos, a hundred and thirty miles [= 210 km] from the Doukhobor settlements. All the Doukhobors behaved very meekly in front of the police and there was no violence. They are now living in their own houses, they have plenty to eat, and since the day I arrived have not accepted government aid.

I might compare this movement to Abraham's actions in bringing his son as an offering to God, and when Abraham took up the knife to slay his son, God's angel stayed his hand — or rather, Abraham himself came to the realisation that he did not have to slay his son, and God told him to take his son, go home and live a life of praise to God.[3] I voiced this opinion to almost all the Doukhobors who were

все житье-бытье, и говорю: чувства Ваши самопожертвования для общего блага человеческой жизни законны и дороги, но детей не надо держать в холоде и голоде, а пока остаться со всеми братьями и воспитать их. Семейные видят в таком объяснении тоже откровение Божие.

Целую Вас и прошу Бога о Вашем семейном благополучии.

П. Веригин.

Прием земли скоро будет обсуждаться на съезде.

---

[1]См. Бытие 22:12-17

П. В. Веригин у В. Г. Черткова в Англии на пути в Канаду
Verigin visiting Vladimir Chertkov in England, en route to Canada

walking, having left their whole way of life behind them, and said: 'Your motives of self-sacrifice for the common good of human life are legitimate and precious ones, but there is no need to let the children go hungry and cold, so for the time being why not remain with all the rest of the brethren and teach them?' Those with families took this explanation too as a revelation from God.

I embrace you and pray to God for your family's well-being.

P. Verigin.

[P.S.] There will soon be a meeting to discuss acceptance of land.

---

[1] *Poterpevshee* [po-ter-p<u>ef</u>-she-yeh] — lit. 'Enduring' — the name given to one of the Doukhobor settlements in Canada.

[2] *Blagodarnoe* [bla-go-<u>dar</u>-no-yeh] — lit. 'Grateful'.

[3] See Genesis 22:12–17.

Хлебопашество с паровиком в Саскачеване, 1905 г. (см. стр. 57)
Machine ploughing in Saskatchewan, 1905 (see p. 57)

14. Л. Н. Толстой — П. В. Веригину
9-13 ? февраля 1903 г. Ясная Поляна.

Дорогой Петр Васильевич,

Долго не отвечал Вам, потому что все хвораю. Равномерно приближаюсь к смерти и озабочен тем, чтобы оставшиеся дни жизни не были проведены дурно и не остались без пользы для людей. В этом великая польза старости и болезни, сторицею выкупающая невыгоды болезни и старости.

То, что Вы пишете мне про духоборов и Ваше объяснение бывшего движения, мне кажется совершенно справедливым. Помоги Вам Бог, дорогой друг, в том ответственном положении Вашего большого влияния на людей не согрешить против них, дав им ложное направление.

Мой совет, который обдуман перед Богом, и даю Вам, любя Вас и братьев духоборов, в том, чтобы Вам лично как можно больше устранять себя, не высказывая своего мнения о решаемых вопросах в ту или другую сторону, а внушать братьям только одно, чтобы они поступали так, как этого хочет Бог от своих сынов, и, главное, не нарушали Вы любовь между собою во имя такого или иного понимания воли Бога. Воля Бога для всех одна: любить Его и друг друга, а чтобы быть в состоянии любить Его и друг друга, надо отрекаться от себя и во всем уступать друг другу. Самое страшное зло — это вражда людей, возникающая из различного понимания обязанностей человека по отношению к Богу. Вот против этого советую Вам употребить все Ваше влияние.

Только бы те, которые считают, что не надо пользоваться трудом животных, так же как и те, которые живут оседло земледелием, считали бы возможным любовь и единение между собою, несмотря на различие взглядов, любили бы и помогали чужим, так же, как и своим, и эту любовь ставили бы выше всех соображений, и тогда все было бы хорошо, и совершилось бы так или иначе и единение во взглядах.

Коротко сказать: чем больше я живу, чем ближе подхожу к концу, тем для меня очевиднее, что только единое на потребу: установление царства Божия, которое достигается любовью людей друг к другу. Любовь же не приходит сама собой, а надо делать усилие, то самое усилие, которым берется царство Божие, для того чтобы вызвать ее в себе.

Думаю, что Вы все это знаете и чувствуете и действуете в этом духе, и радуюсь этому.

14. L. N. Tolstoy to P. V. Verigin
9–13 ? February 1903. Yasnaya Polyana.

Dear Petr Vasil'evich,

I have not replied to you for some time as I have been ill. I am slowly approaching death and am afraid lest the remaining days of my life be poorly spent and yield no benefit to mankind. This is the great advantage of old age and disease, outweighing by a hundredfold the disadvantages of disease and old age.

The account you have given me of the Doukhobors and your explanation of the recent movement seem quite in order. May God help you, dear friend, in that position of responsibility where you exercise considerable influence on people, not to sin against them by giving them wrong direction.

My advice, which I have thought through before God and offer to you in my love for you and the Doukhobor brethren, is to get yourself personally as much out of the way as possible, not taking sides on current issues but encouraging the brethren in only one thing: to act as God desires his children to act, and most importantly, not to violate the love among themselves in the name of this or that understanding of God's will. God's will is the same for all: to love Him and love each other, and in order to be in a position to love Him and love each other, they must deny self and serve one another in everything. The most fearsome evil is the enmity which arises among people out of their differing concepts of man's duties toward God. So I ask you to use all your influence to combat this.

If only those who reject the use of animal labour and those who who [are content to] stay in one place and till the soil would consider love and unity between them an actual possibility, regardless of differences of opinion, if they would only love and help others as well as their own, and put this love above all else, everything would be good, and in one way or another a unity of views would be achieved.

In a word, the longer I live, and the closer I come to the end, the more obvious it is to me that only one thing is needed: the establishment of God's kingdom, which comes about through people's love for each other. But this love does not come all by itself; we must make an effort to draw it close to us, the same effort by which God's kingdom is revealed.

I think you are aware of all this, and that you feel and act in this spirit, and I am glad of it.

Спасибо, что написали мне, пожалуйста, пишите еще и, если можно, сообщите подробности о том, как живут различные поселения из духоборов и есть ли между ними согласие.

Простите, дай Бог Вам и всем братьям духоборам высшего блага в мире — единения и любви между собою.

Любящий Вас Лев Толстой.

Написано рукой дочери Толстого, М. Л. Оболенской. Подпись собственноручная.

Л. Н. Толстой в домашнем кабинете в Ясной Поляне, 1909 г.
(Фотография Софии Андреевны Толстой)
Tolstoy in his Yasnaya Polyana study, 1909
(photo taken by Tolstoy's wife Sofia Andreevna Tolstaya)

Thank you for writing me; please do write again, and if possible, tell me in detail about how the different Doukhobor settlements are progressing and whether there is harmony among them.

Farewell, and may God grant you and all the Doukhobor brethren the highest possible good in the world — unity and love among yourselves.

Lovingly, Leo Tolstoy.

Handwritten by Tolstoy's daughter, M. L. Obolenskaya. Signed in Tolstoy's own hand.

Памятник Л. Н. Толстому (худ. Юрий Чернов) в Кастлгаре (Б. К.) — подарок канадским духоборам от общества «Родина» (1987 г.)

Monument to Tolstoy (sculpted by Yurij Chernov) in Castlegar (B.C.) — a gift to Canadian Doukhobors from the Rodina Society in Russia

15. Л. Н. Толстой — П. В. Веригину
24 октября/6 ноября 1903 г. Ясная Поляна.

Дорогой Петр Васильевич,

Ко мне вчера приехал выпущенный из Якутской области старичок Алексей Александрович Фофанов. Как Вы знаете, он, Новокшонов и Щербаков приехали на Кавказ и готовились уехать в Канаду, чтобы соединиться с своими семьями. Но кроме того, что им не дали заграничных паспортов, с ними случилось несчастье, о котором Вам пишет сам Фофанов: у них украли все их деньги, так что они лишены теперь всякой возможности добраться до Канады. Я ходатайствую о том, чтобы им выдали заграничные паспорты, и надеюсь успеть в этом. Но во всяком случае им необходимы, вследствие их несчастья, деньги. Если община захочет дать эти деньги и в том размере, который бы был достаточен для их жизни и переезда, то вышлите эти деньги на мое имя или для выгоды времени телеграммой известите меня, сколько Вы их высылаете, и я уже позабочусь о том, чтобы доставить эти деньги старичкам.

Очень рад был получить известие, что жизнь Ваша и ваших и наших братьев сложилась и складывается все лучше и лучше, все ближе и ближе к заветам Христа.

Пишу Вам не своей рукой, потому что чувствую себя нынче не совсем хорошо. Здоровье же мое вообще таково, каким оно должно быть в человеке, быстро приближающемся к перемене формы жизни. Буду рад, если напишете мне. Прощайте, братски приветствую.

Любящий Вас Лев Толстой

6 ноября 1903.

Написано рукой Ю. И. Игумновой, художницы, подруги Т. Л. Толстой. Она жила несколько лет в Ясной Поляне, помогая в разборке корреспонденции и переписке рукописей. Подпись собственноручная. Приписку сделал А. А. Фофанов.

15. L. N. Tolstoy to P. V. Verigin
24 October/6 November [new calendar] 1903. Yasnaya Polyana.

Dear Petr Vasil'evich,

Yesterday I had a visit from old Aleksej Aleksandrovich Fofanov, who was released from the Yakutsk area. As you know he, Novokshonov and Shcherbakov arrived in the Caucasus, preparing to go to Canada to be re-united with their families. But besides not being granted foreign passports, [another] misfortune has befallen them, which Fofanov himself will write you about: they had all their money stolen from them, so that now they have no means of getting to Canada. I am petitioning for foreign passports to be issued to them, and I hope to be successful in this. But in any case, because of this misfortune, they need money. If the community is willing to give them enough money for their living and their passage, you can send it to me, or to save time you can telegraph me how much you are sending and I shall see the amount gets to these old people.

I was very glad to hear the news that your life and that of your family and our brethren have been progressing and are continuing to get better and better, closer and closer to Christ's precepts.

I am not writing to you with my own hand, as I am not feeling entirely well these days. But my overall health is as it should be for one quickly approaching a change in one's form of life. I shall be happy to hear from you. Farewell, and brotherly greetings.

Lovingly, Leo Tolstoy

6 November 1903.

Handwritten by Yu.I. Igumnova, an artist and friend of Tolstoy's daughter Tatyana Tolstaya. She lived at Yasnaya Polyana for several years, helping take care of correspondence and copying manuscripts. The signature is in Tolstoy's own hand. A note from Aleksej Fofanov was attached.

16. П. В. Веригин — Л. Н. Толстому
1 декабря 1903 г. Отрадное.

Добрый Лев Николаевич!

Душевно благодарю Вас за уведомление о Вашем благополучии. Спаси Вас Господи. Шлю сердечный привет всему Вашему семейству с пожеланием всего хорошего от Бога.

Письмо Ваше, с припиской от Алеши Фофанова, я получил, и сейчас же спешу послать двести долларов, прошу Вас, пожалуйста вручите эти деньги старичкам, которые обратились к Вам с просьбой. Адресуйте на имя *Василия Щербакова*.

Такая сравнительно небольшая сумма посылается нами для содержания Фофанова, Щербакова и Новокшонова, пока на месте где бы они ни жили. Если будут иметь возможность переезжать в Канаду, то можно будет еще помочь.

Как много Вы трудитесь! Добрейший Лев Николаевич, где бы совсем может не надо обратить внимание, а Вы все тратите свои угасающие телесные силы. Еще счастлив тот человек, которого Душа и Разум не оставляют его бренного тела и ему возможней бороться с окружающими обстоятельствами.

Никак не соберусь дать Вам отчет о себе и окружающей среде, за время проведенное мною с переездом в Канаду. Большая причина, чтобы не обременять Ваше внимание.

О устройстве Духоборцев, их общинной жизни здесь, не могу сказать, чтобы она складывалась «все лучше и лучше», как Вы говорите, но насколько возможно человеку — и в особенности людям-толпе, воспринимать хорошие качества, община устраивается хорошо, слава Богу.

В кратком письме не могу говорить за и против общинной жизни людей, только здесь в Канаде Духоборцы встретили много уважительных причин, чтобы по возможности соединиться в общинную жизнь. Средств и сельскохозяйственного инвентаря большой недостаток, и земля по канадским правилам — может быть довольно усовершенствованным для человеческой жизни, пайгомстед очень неравна, чтобы возделывать особняком. Сейчас же — за это лето, благодаря совместного труда возделывать землю, Духоборцами вспахано и приготовлено под весенний посев слишком 10 000 акров земли. Впрочем, подкуплено за время моего приезда около 400 рабочих лошадей. Приобретено — как крупные вещи, имеющие серьезное значение, восемь паровых молотилок, паровики 6 восемнадцати-сильные передвигаются лошадьми, два 20-ти-

16. P. V. Verigin to L. N. Tolstoy
1 December 1903. Otradnoe.[1]

Dear Lev Nikolaevich!

My heartfelt thanks for letting me know how you are getting on. May the Lord save you! Please give my best regards to your whole family, with my wishes for all good to you from God.

I received your letter allong with the attached note from Alyosha Fofanov,[2] and now I am hastening to send you two hundred dollars, which I would ask you to give to the old ones who turned to you for help. Send it to *Vasilij Shcherbakov*.

We are sending this rather small amount for the living expenses of Fofanov, Shcherbakov and Novokshonov, wherever they happen to be staying for the time being. If they are able to come to Canada, we might be able to offer some further help.

How hard you work! Dear, kind Lev Nikolaevich, it seems that wherever we turn you are expending your depleting bodily forces. Happy is the man whose frail body has not yet been forsaken by Soul or Mind and is that much more able to struggle with circumstances around him.

There is hardly enough time for me to [collect my thoughts] and going to give you account of myself and my surroundings since coming to Canada. The main reason is not to overburden your attention.

As for how the Doukhobors are settling in to community life here, I cannot say that things are getting 'better and better' as you suggest, but as far as is humanly possilbe, especially for a large group of people, to adopt good character traits, the community is coming along well, thank God.

In a brief letter I cannot go into all the pros and cons of the people's community life, except to say that here in Canada the Doukhobors have been faced with a number of good reasons to unite in their community life. There is a great lack of resources and agricultural equipment and under Canadian regulations one can make a fairly good living off the land, but homestead plots are too unequal to [profitably] work the land individually. This summer, though, thanks to collective labour in working the land, the Doukhobors have managed to plough and prepare for spring sowing more than ten thousand acres of land. In addition, since I have arrived they have bought about four hundred work horses. They have acquired — as major purchases, very important to them, eight steam threshers: six

сильные самоходы. Урожай хлеба и овощей был довольно хороший и эти 8 молотилок управились с молотьбой очень поспешно. Теперь, шесть паровиков поставлены по участкам на мельницы, размалывают зерно и толкут лен для масла, два самохода пошли и будут установлены в лесу пилить тес. Весною предполагаем работать, паровой же силой, кирпич и черепицу. Канадцы начинают приходить в серьезное недоумение: то Духоборцы ходят нагишом, желая оставить совершенно физический труд, то приобретают самые усовершенствованные сельскохозяйственные орудия и начинают очень осмысленно работать, защищая пред торгашами средства своего труда. К полезным приобретениям можно отнести слишком сто жней-хлебокосилок, которые работают очень чисто и скоро. Сейчас, на каждое 40-семейное село имеется девять пар рабочих лошадей, по пятнадцати коров, есть немного и овец, все лето мы подкупали вещи. По количеству лошадей приобретены: повозки, сани, плуги, бороны и т. под. Куплены хорошие племенные лошади и думаем завести на месте аклиматизированных лошадей, и по дороговизне покупать очень невыгодно.

Нами готовится подробный отчет о хозяйственной жизни за это лето, может и Вам пришлем, может интересно будет знать хотя молодым людям, близким к Вам.

Относительно якутских братьев о их переселении в Канаду — если им будет разрешено, у меня составляется такой план: чтобы иметь кассу денежную в Якутске и которые будут выезжать пользовались бы на дорогу, другую иметь контору — денежную в Москве или Батуме, попав туда путешественник, заручившись дорожными средствами, мог бы следовать дальше. Об этом ото всей нашей общины послано извещение в Якутск и недавно послано 500 дол. для поддержки — *на месте* — стариков — подобно Фофанова, Щербакова и Новокшонова, и больных. Община — письмом предупреждала: на случай надобности, требовать телеграммой и мы всегда готовы и обязаны будем посылать им деньги, но только чтобы требования они присылали ото всех сосланных. Этим летом мною собраны имена всех находящихся в Сибири и представлены английскому Правительству, которое обещается войти с представлением к русской власти о освобождении из Якутска — здесь даже берегется земля на это количество людей. А если наши братья в Якутске не имеют терпения, этому со стороны, кажется, никто не виновен. В приливе горячки, я очень суров сердцем и к таким старым людям как Фофанов и Щербаков я, кроме презрения, ничего не могу иметь. Они ищут, чего сами не знают, и в результате получается беда и хлопоты для старого человека, вместо того чтобы покойно кушать насущный хлеб и славить Господа. Ну ничего! Ничего в мире нет бесполезного, все что делается — делается к лучшему.

18-h.p. machines drawn by horses and two 20-h.p. self-propelled vehicles. The grain and vegetable harvest was fairly good and these eight machines proved extremely efficient in the threshing. The six [stationary] threshers have now been set up in various plots of land as mills, they grind the grain and process fibres for cooking oil, while the two vehicles have gone into the forest where they will be set up to saw lumber. In the spring we are planning to manufacture bricks and tiling, using steam power. The Canadians are beginning to be quite amazed: on the one hand there are Doukhobors walking around stark naked, wanting to abandon physical labour altogether, while on the other hand they are acquiring the most up--to-date agricultural equipment and are starting to work in a very business-like fashion so as to protect their equipment from the bankers. Among useful acquisitions I might mention are over a hundred grain scythes, which work very cleanly and quickly. Now each forty-family village has nine pair of work horses, fifteen cows, and a few sheep, and all summer long we have been buying more things. Carts, sleighs, ploughs, harrows, etc. have been bought according to the number of horses. We have also bought some thoroughbred horses and are planning to raise our own acclimatised horses, as they are quite expensive to buy.

We shall be preparing a detailed account of our farming activities over the summer; maybe we shall send you a copy, at least the young people around you might be interested in it.

As to the Yakutsk brethren and their emigration to Canada, if they will permit, I have come up with a plan: to set up a bank account in Yakutsk so that those who are emigrating can draw out money for passage, and another account in Moscow or Batumi, so that travellers who get that far can provide themselves with the means to proceed further. Our whole community has sent notice about this to Yakutsk, also five hundred dollars has been sent to help support — *in that location* — old people like Fofanov, Shcherbakov and Novokshonov, and people who are ill. The community advised them by letter that should a need arise, they could send a request by telegram and we would be sure to send them money, but only if the requests come in the name of all the exiles together. This [past] summer I collected the names of all the people in Siberia and sent them to the English [*sic*] Government, which has promised to intervene with the Russian authorities about releasing them from Yakutsk — we have even set aside some land here for that number of people. But if our brethren in Yakutsk have no patience, if you look at it objectively, it seems nobody is to blame. In the heat of the moment I feel extremely angry even toward such old people as Fofanov and Shcherbakov, whom I have nothing but contempt for. They are looking for they know not what, and consequently misfortune and trouble await these older people, when instead they should quietly eat their daily bread and praise the Lord. Well, never mind! Noth-

Целую Вас мысленно и еще желаю Вам получить от Бога всего хорошего, любящий Вас

Peter Verigin.

1 Дек. 03 г.
Село Отрадное. Иорктон.

Добрый Лев Николаевичъ!

Душевно благодарю Васъ за увѣдомленiе о Вашемъ благополучiи. Спаси Васъ Господи. Шлю сердечный привѣтъ всему Вашему семейству съ пожеланiемъ всего хорошаго отъ Бога.

Письмо Ваше, съ припиской отъ Алеши Фофанова, я получилъ, и сейчасъ же спѣшу послать двѣсти долларовъ, прошу Васъ, пожалуйста вручите эти деньги старичкамъ, которые обратились къ Вамъ съ просьбой. Адресуйте на имя Василiя Щербакова.

Такая сравнительно небольшая сумма, посылается нами для содержанiя Фофанова, Щербакова и Новокшонова, пока на мѣстѣ гдѣ бы они жили. Если будутъ имѣть возможность переѣхать в Канаду, то можно будетъ еще помочь.

Какъ много Вы трудитесь! Добрѣйшiй

Первая и последняя страницы письма П. В. Веригина к Л. Н. Толстому от 1 декабря 1903 г.

ing in this world is ever useless; all that is being done is being done for the better.

I embrace you in thought and wish you again all good from God. Lovingly,

Peter Verigin.

1 Dec. '03
Village of Otradnoe. Yorkton [Saskatchewan].

---

[1] *Otradnoe* [ot-<u>rad</u>-no-yeh] — lit. 'Delightful' — the name of another Doukhobor village in Saskatchewan.

[2] *Alyosha* — diminutive form of the name Aleksej.

First and last pages of Verigin's letter to Tolstoy of 1 December 1903

17. Л. Н. Толстой — П. В. Веригину
2 января 1904 г. Ясная Поляна.

Любезный брат Петр Васильевич,

Получил Ваше письмо с чеками и переслал деньги старичкам. Меня удивило Ваше строгое отношение к ним. Мне кажется, они этого не заслуживают. От Моода они получили 500 р. и пишут, что денег им достанет. Вопрос же о паспортах все еще не решен, хотя обещают их выдать[1].

Прилагаю Вам письмо Муравьева о павловцах, сосланных в каторжную работу с семьями, и их письмо к Муравьеву — их защитнику[2]. Это люди глубоко религиозные, пострадавшие за минутное увлечение и до сих пор не только ничего не просившие, но отказывавшиеся от помощи. Теперь, видно, им большая нужда, и я думаю вот что: если ваша община согласится возвратить Мооду присланные им 500 р., то эти деньги я бы послал павловцам. Надеюсь, что община всемирного братства не откажет в этом. Ответьте пожалуйста. Сведения, которые я о Вас имею через Тана[3] и из Вашего хорошего письма, радуют меня и всех людей, близких по духу вашей общине. Простите меня, если я, как старый человек, позволю себе дать совет Вам и близким Вам людям. По всей вероятности, Вы сами знаете то, что я скажу Вам, но не беда и лишний раз повторить мысль, если она справедлива. Не увлекайтесь, милый друг, матерьяльным успехом общины. Помните, что успех этот основан на том единении, которое возникло из религиозного сознания, соединившего всех. Так что религиозное чувство есть тот основной капитал, из которого, между прочим, возникло и матерьяльное благосостояние, само по себе не только не важное, но часто губительное, уничтожающее тот самый источник, из которого вытекает. «Не радуйтесь тому, что бесы повинуются вам, а ищите каждый из вас того, чтобы имена ваши были записаны на небесах»[4]. И потому я думаю, что важнее всего блюсти, оживлять, поддерживать религиозное чувство, которое нужно не для одного матерьяльного благоденствия, а для истинного блага всех. Так что, как ни казалось нелепо движение освобождения животных и райской жизни, оно важнее всех паровых молотилок, косилок, жней и т.п., как важнее пар в локомотиве всех вагонов с товарами, которые к нему прицепят. Если пар без толку выбивался наружу, то дело только в том, чтобы заставить его производительно работать. Так же и с той партией райской жизни. В них есть то главное, что дает истинное благо себе и другим, в тех же, которые, презирая их побуждения,

17. L. N. Tolstoy to P. V. Verigin
2 January 1904. Yasnaya Polyana.

Dear Brother Petr Vasil'evich,

I received your letter with the cheques and have sent the money to the old people. I was surprised by your harsh attitude toward them. I don't think they deserve it. They received five hundred roubles from Maude and write that they now have enough money. The question of passports has not yet been resolved, though they are promising to issue them.[1]

I am enclosing Murav'ev's letter about the Pavlovka villagers who were exiled to labour [camps] with their families.[2] These are deeply religious people, suffering on account of a momentary distraction, who not only have not asked for anything to date, but have even refused the help [that was offered]. Now, it seems, they are in dire need, and I was thinking: if your community agreed to return to Maude the five hundred roubles he sent, I would send this money to the Pavlovka people. I hope that the community of universal brotherhood will not turn this down. Please reply. The news I have of you through Tan[3] and from your kind letter is a delight both to me and to everyone who shares a kindred spirit with your community. You will forgive me if I as an old man take the liberty of giving advice to you and those around you. In all probability you know yourself what I am about to tell you, but it doesn't hurt to repeat an idea if it is a right one. Don't get carried away, dear friend, by the material success of the community. Remember that this success is based on the unity stemming from the religious consciousness which brings everyone together. Thus religious feeling is the basic capital underlying even material well-being, [while the latter] by itself is not only unimportant, but oftentimes destructive, undermining the very source from which it flows. 'In this rejoice not, that the spirits are subject unto you; but rather rejoice, because your names are written in heaven.'[4] And so I feel that the most important thing is to protect, arouse and support that religious feeling, which is needed not just for one's material well-being but for the genuine happiness of all. So no matter how absurd the movement for animal liberation and Heavenly Life might seem, it is more important than all the steam threshers, scythes, harvesters etc., just as steam in the engine is more important than all the cars with freight attached to it. If steam senselessly escapes outside, then all one needs to do is to make it work productively. The same goes for the Heavenly Life Party. They

устраивают прекрасные полезные машины и в этом видят смысл жизни, нет ничего, кроме верной погибели себе и другим. Я уверен, что Вы это знаете и чувствуете и так поступаете, но мне хотелось высказать это Вам.

Любящий Вас брат Лев Толстой.

2 янв. 1904.

---

[1]Толстой обращался с просьбой о выдаче заграничных паспортов Фофанову, Щербакову и Новокшонову к вел. кн. Николаю Михайловичу и главноначальствующему гражданской частью на Кавказе кн. Г. С. Голицыну.

[2]Крестьяне-сектанты села Павловки Сумского уезда Харьковской губернии, находившиеся под сильным влиянием Д. А. Хилкова, разгромили в 1901 г. местную церковь. В январе-феврале 1902 г. состоялся суд. Адвокат Н. К. Муравьев (1870–1936) выступал на процессе. Несмотря на 12 защитников, были вынесены очень строгие приговоры: четверых — к тюремному заключению, 45 человек — к ссылке в каторгу до 15 лет.

[3]В. Г. Богораз-Тан (1865–1936), писатель, этнограф, член партии «Народная воля», летом 1903 г. посетил в Канаде духоборцев. Его очерки печатались в газете «Русские ведомости» (их имеет в виду Толстой; личное его знакомство с Таном произошло в начале 1905 г.).

[4]См.: Евангелие от Луки, 10:20.

have the vital element that brings genuine good to one's self and others, while those who despise their motives and set up marvellous useful machines and see in them the meaning of life have nothing to offer themselves or others but certain destruction. I am sure you know this and feel and act this way, but I wanted to say this to you.

Your loving brother, Leo Tolstoy.

2 Jan. 1904

---

[1] Tolstoy applied to Grand Prince Nikolaj Mikhailovich and the head of the Civil Sector in the Caucaus Prince Grigorij Golitsyn with a request to issue foreign-travel passports to Fofanov, Shcherbakov and Novokshonov.

[2] In 1901 the peasant sectarians from the village of Pavlovka in Sumy County (Ukraine), under the strong influence of Prince Dmitrij Khilkov, destroyed a local church. The trial took place in January–February 1902, where they were represented by lawyer N.K. Murav'ev (1870–1936). In spite of twelve people testifying in their defence, very severe sentences were handed down: four were given prison terms, while forty-five were exiled to hard labour for periods of up to fifteen years.

[3] V. G. Bogoraz-Tan (1865–1936), writer, ethnographer, member of the *Narodnaya Volya* [People's Will] Party, visited the Doukhobors in Canada in the summer of 1903. His accounts were published in the newspaper *Russkie vedomosti* — it was these Tolstoy was referring to; he did not come to know Tan personally until early in 1905.

[4] See Luke's Gospel 10:20.

18. П. В. Веригин — Л. Н. Толстому
20 февраля 1904 г. Отрадное.

Село Отрадное. — Канада. Льву Николаевичу
1904 г. 20го Февраля н. с. Толстому

Петр Веригин.

Милый Лев Николаевич, простите меня, что я грубым отзывом о старичках нанес Вам оскорбление. В этом виновато всем нам присущее зло. За все Ваши хлопоты пошли Вам Господи телесного здоровья и Душевного благополучия.

Относительно Павловцев, требуемую Вам сумму денег 500 р., я присылаю в количестве трехсот долларов; в полное Ваше распоряжение. А что касается Моода — если он посылал старичкам, как Вы пишете, 500 р., то с ним мы сочтемся.

С Вами, Уважаемый Лев Николаевич, я желал бы быть откровенен даже более чем позволяет приличие. Так в данный момент я полагаю, в Духоборцах денежные счеты и траты по возможности должны быть аккуратны.

Моод пишет мне уже два письма, что у него есть деньги, которые предназначены для ссуды на переезд из Якутска в Канаду Духоборцам. Сколько имеется денег, Моод не упоминает, только деньги могут затратиться с возвратом, но без процентов.

На 28 число настоящего Февраля месяца — назначен у нас съезд человека по два из каждого села. Между другими вопросами, я взнесу и предложение Моода. Так как за последнее двадцатилетие Духоборцы очень много принимали от друзей помощи, вероятно и от этого предложения они не откажутся. (Прилагаю краткий счет прихода-расхода за прошлый год, из которого видно, что денежные дела Духоборцев не особенно блестящи).

Переезд из Якутска необходимо бы устроить по возможности правильно. Например, в Якутске должна быть хотя небольшая сумма денег — касса, другое отделение в Москве и третье уже в Англии или на американском берегу. Надо избрать путь переезда по возможности кратчайший и дешевле. Я ехал чрез Москву, на Лондон и Сенджон, и считаю этот маршрут очень удобным. Это я говорю о тех людях, которые выезжали бы из Якутска прямо в Канаду. Которые же выезжают с увольнением в Россию, к тем это систематичное определение не относится, а только может оказана посильная частная помощь для жизни. Для сестры и зятя сейчас денег мы не посылаем. Нет их.

18. P. V. Verigin to L. N. Tolstoy
20 February 1904. Otradnoe.

Village of Otradnoe. — Canada.
1904 20th February (new style)

To Lev Nikolaevich Tolstoy

[from] Peter Verigin.

My dear Lev Nikolaevich, forgive me for offending you with my crude comments regarding the old people. It is the fault of an evil that is common to all of us. For all your pains may the Lord send you physical health and peace of mind.

As far as the Pavlovka villagers are concerned, in response to your request for 500 roubles I am sending you three hundred dollars to do with as you please. And as for Maude, if he has sent 500 roubles to the old people, as you say, we shall reimburse him.

With you, my esteemed Lev Nikolaevich, I should like to be even more open than is customary. Which means at the moment I presume the Doukhobors' financial accounts and expenses should be as accurate as possible.

Maude has written me twice now that he has money set aside for loans to the Doukhobors for travel from Yakutsk to Canada. Just how much money there is Maude doesn't say, only that the money is to be used and repaid, but without interest.

On the 28th of this current month of February there is to be a conference with two people attending from every village. I shall raise Maude's proposal among other issues. Since the Doukhobors have accepted a great deal of help from friends over the last twenty years I don't suppose they will decline this offer. (I am enclosing a brief statement of income and expenses over the past year, which will show that the Doukhobors' financial affairs are not exactly rosy.)

Proper travel arrangements from Yakutsk should be made insofar as possible. For example, there should be at least a small sum of money — an account — available in Yakutsk, a second source in Moscow and a third in England or on the American [*sic*] side. They should select the shortest and cheapest possible route. I came by Moscow, London and Saint John, and found it very convenient. I'm speaking about those who want to emigrate directly from Yakutsk to Canada. This systematic arrangement doesn't apply to those who go [back] to Russia upon being released, these can only be offered some private aid to get by on, as much as people can afford. We are not sending any money now for my sister and brother-and-law. We don't have it.

Искренно благодарю Вас, Лев Николаевич, спаси Вас Господи за Ваше предупреждение о том, чтобы сильно не увлекаться материальным хозяйством; я и сам этого боюсь, но сейчас мы желали бы иметь только насущный хлеб, который и хотим вырабатывать, так как в Духоборцах очень много детворы. Кстати, в настоящее время Духоборцы заняты рассуждениями о подданстве английскому королю. Большинство и слушать не хотят, чтобы принять подданство, рассуждают, что нарушится основное учение Христа о равенстве всех людей. Чтобы принять подданство, надо соблюсти порядок-форму: подписать каждому человеку — на которого дается земля 160 акр., бланк, в котором обещается под клятвой полное повиновение «Эдуарду», охрана его сана и т. под. и жить навсегда в Канаде. Я могу высказать свое мнение: помимо нарушения принципа о равенстве всех людей, я не могу ручаться остаться жить в Канаде на долгое время, так как климат — сейчас где расположены Духоборцы, сравнительно холоден и мы должны делать усиленные опыты в хлебосеянии и чтобы хлеб не побивал мороз. На это есть много уважительных причин: сейчас за все почти года хлеб с трудом уходит от осенних морозов, потому что земля не разделывается как следовало бы. Земля должна распахиваться обязательно под пар, а то и два лета, а на третье уже сеять пшеницу. Посредством приспособленных орудий это все можно. (К весне мы предполагаем купить для пробы паровоз для пахоты 25-ти сил, который возит по целине 8 плугов, по мягкой 10–11.) Если мы, сравнительно, все требования разделки земли и посева хлеба исполним и тогда не будет выходить хорошо хлеб, то само по себе мы не можем оставаться жителями здесь навсегда, и вопрос о подданстве я считаю преждевременным. Такие объяснения как примет английское правительство, мы не знаем, это разрешит время.

Для опыта потребуется не менее трех-четырех лет; а за это время Духоборцы — надо предполагать — успеют уже обзавестись кое-чем материальным, и если правительство — из-за какого-то подданства, пожелает разорять жизнь Духоборцев, мы с охотой на это согласимся. Чрез это будет лишний раз доказано, что все монархические правительства отжили свое время и терпимы только как зло в общечеловеческой жизни.

Целую Вас, искренно преданный Вам

Peter Verigin.

I am sincerely grateful to you, Lev Nikolaevich, and may the Lord bless you for your warning against getting too strongly carried away by material concerns; I am afraid of that myself, but right now we only wish to have our daily bread, something we really want to earn, since the Doukhobors have a great many children. As it happens, at the moment the Doukhobors are involved in discussions regarding becoming subjects of the English king. The majority do not want to hear about taking out citizenship; they reason that this would violate Christ's basic teaching about the equality of all people. Taking out citizenship would mean observing a formal order: everyone receiving a 160-acre plot of land would have to sign a form pledging an oath of full allegiance to 'Edward', to defend his honour and so forth and to live in Canada for ever. If I may express an opinion, apart from violating the principle of equality of all people, I cannot guarantee that I will stay living in Canada for a long period of time, as the climate in the place where the Doukhobors are settled now is rather cold and we have to struggle to sow our grain and to make sure it is not killed by the frost. There are many good reasons for this: almost every year now the grain has had a hard time escaping autumn frosts, since the land has not been tilled properly. The earth should definitely be steam-ploughed, for two years running, and wheat sown only in the third year. All that is possible with specialised equipment. (We are considering buying a 25-horsepower steam plough to try out this spring, one that could drive eight ploughs over virgin soil, or ten or eleven over soft soil.) If we fulfil, more or less, all the requirements for dividing the land and sowing the grain and still don't come up with a good yield, then it stands to reason we can't keep on living here forever, and so the question of citizenship I would say is rather premature. We don't know what explanations the English [sic] government will accept; that is something only time will tell.

This experiment will take at least three to four years, over which time the Doukhobors, one would assume, will manage to save up at least some money, and if the government should decide to make life miserable for the Doukhobors over some question of citizenship, we shall be willing to agree to it. It will only prove for the umpteenth time that all monarchical governments have outlived their time and are tolerable only as an evil in human life in general.

My love to you, yours ever faithfully,

Peter Verigin.

Роспись Расходу и Приходу за 1903 г.
Духоборческой общины в Канаде.

			$	¢
1.	Куплено	35 лошадей в Виннипеге	6 719	50
	"	5 жеребцов	3 150	00
	"	323 лошадей от Райн и Фейрс	25 696	00
	"	7 лошадей от Бикянина и 2 от Плаксина	1 200	00
	Провоз и расходы при доставке всех лошадей, покупка разных вещей для табунщиков и проводников.		906	05
		Итого	37 671	55

Сельско-хозяйственные орудия

			$	¢
2.	Куплено	4 конно-перевозных паровиков с молотилками	9 250	00
	"	2 самохода паровика с молотилками	6 000	00
	"	2 пильных станка	900	00
	"	Мазь для паровиков, Инспектору и харчи при переправках	142	24
	Уплочено за Принц-Альбертские паровики		2 000	00
	Припасы для паровиков, расходы на машинистов		1 100	00
	50 жней, 32 сено-косилки и 20 000 фунт. ниток		10 309	00
	45 резалок 20 сеялок 16 фургонов 109 плугов 234 троик борон 12 хлебочистилок и 152 саней		14 092	55
			43 793	79
3.	Куплено Красного товару всего		29 338	29
4.	Земля, принятая от правительства, и купленная Петром Васильевичем		36 250	00
5.	Куплено пшеницы, овса и муки		9 720	20
6.	"	Хомутов и сапожного товару	13 445	22
7.	"	Зимней обуви мужчинам и женщинам	4 913	58
8.	"	Железо, Посуда, инструменты и прч.	5 901	11
9.	"	Соли, Керосины и скла	2 653	08
10.	"	Сахар, Чай и мазь	2 294	87
11.	"	Шерсти	1 505	00
12.	"	Мыло	1 707	00
13.	"	Приборы для мельниц и расходы для мельников	868	63
		Итого	108 656	98
		всего на этой странице	190 122	32

Statement of Expenses and Income for 1903 of the Doukhobor community in Canada.

			$	¢
1.	Purchased	35 horses in Winnipeg	6,719	50
	"	5 colts	3,150	00
	"	323 horses from Rain & Feirce [?]	25,696	00
	"	7 horses from Bikyanin and 2 from Plaksin	1,200	00
		Transport and delivery expenses for all horses, purchase of various items for horseherds and guides:	906	05
		Total	37,671	55

Agricultural equipment

			$	¢
2.	Purchased	4 horse-drawn steam engines with threshers	9,250	00
	"	2 self-propelled steam engines with threshers	6,000	00
	"	2 stationary machine saws	900	00
	"	Grease for steam engines, [payments] to Inspector and food on journey	142	24
		Paid for Prince Albert steam engines	2,000	00
		Supplies for steam engines, engine operators' expenses	1,100	00
		50 scythes, 32 hay-cutters and 20 000 pounds of threads	10,309	00
		45 cutters 20 sowers 16 wagons 109 ploughs 234 triple harrows 12 grain-cleaners and 152 sleighs	14,092	55
			43,793	79
3.	Purchased	Fabric materials total	29,338	29
4.		Land accepted from the government and purchased by Petr Vasil'evich	36,250	00
5.	Purchased	wheat, oats and flour	9,720	20
6.	"	Horse collars and footwear supplies	13,445	22
7.	"	Winter boots for men and women	4,913	58
8.	"	Iron, Dishes, implements etc.	5,901	11
9.	"	Salt, Kerosene and [?]	2,653	08
10.	"	Sugar, Tea and lard	2,294	87
11.	"	Woollens	1,505	00
12.	"	Soap	1,707	00
13.	"	Mill equipment and millers' expenses	868	63
		Total	108 656	98
		total for this page	190 122	32

			$	¢
		Транс.	190 122	32
14.	Куплено овец		1 461	00
15.	” Масла и посуда на нее		1 765	72
16.	За провоз всяких вещей по желез. дор.		1530	75
17.	Посылка денег в Сибирь, Мооду и другие места		3086	00
18.	Проезды по железн. дорог. и харчи		852	15
19.	Лиманская школа		745	85
20.	Дом Канцелярии в Иорктоне		303	60
21.	Иосифу Константиновичу		300	00
22.	Израсходовано Васей Голубовым на паровики и молотилки		364	60
23.	Канцелярские расходы, за переписку бумаг, и пишущая машина		284	35
24.	Уплочено Егору Майеру (Кузнецу)		255	00
25.	Отдано Арчеру в разное время		157	50
26.	Отдано в долг Мифодию		125	00
27.	Уплочено за налаживания всех машин		142	00
28.	Пильничные расходы и прч.		155	00
29.	Израсходовано Иваном Под. на себя и рабочих в Иорктоне		41	46
30.	Билеты для лесу, процент в банк, пошлина за конюшни, и почт. ящик в Иорктоне		83	10
	Итого		201 775	40
31.	Мелочные покупки всех 47 сел		13 769	52
	Итого		215 544	92
32.	Приходу всего из 47 сел от х. заработка		152 474	24
	Остается долгу		63 070	68

Платеж долга должен быть в складах в Городе Виннипеге, осенью 1904-го Года. Без процентов.

		$	¢
	[Balance] forward	190,122	32
14.	Purchased sheep	1,461	00
15.	" Oil and containers for it	1,765	72
16.	Goods transport by rail	1,530	75
17.	Money sent to Siberia, Maude and other places	3,086	00
18.	Railway trips and food on journey	852	15
19.	Liman School	745	85
20.	Government Office in Yorkton	303	60
21.	To Iosif Konstantinovich	300	00
22.	Vasya Golubov's expenditures on steam engines and threshers	364	60
23.	Stationery expenses, paper for correspondence and typewriter	284	35
24.	Paid to Egor Majer (Blacksmith)	255	00
25.	Given to Archer at different times	157	50
26.	Loaned to Mifodij	125	00
27.	Paid for repair of all equipment	142	00
28.	Sawmill expenses etc.	155	00
29.	Ivan Pod.'s expenditures on himself and the workers in Yorkton	41	46
30.	Fees [?] for wood, bank interest, stable fees, and post-office box in Yorkton	83	10
	Total	201,775	40
31.	Petty-cash purchases for all 47 villages	13,769	52
	Total	215,544	92
32.	Agricultual income for all 47 villages	152,474	24
	Outstanding debt	63,070	68

Payment of debt to be made at the depots in the City of Winnipeg in the autumn of 1904. Without interest.

19. Л. Н. Толстой — П. В. Веригину
3/15 марта 1904 г. Ясная Поляна.

Получил Ваше письмо, дорогой Петр Васильевич, с очень интересным для меня отчетом о приходе и расходе общины и с чеком на 61 фунт.

Моод, не дожидаясь возвращения денег, посланных старичкам, прислал еще 500 р. для павловцев, которые я и переслал им. Так что Ваши деньги (61 ф.) остаются без употребления. Я положу их в банк и подожду Вашего ответа о том, куда употребить их. От Конкина я вчера получил письмо, в котором он пишет, что ожидает от Вас денег на переезд с дочерью в Канаду, так как он освобожден и в мае надеется выехать[1]. Не послать ли ему эти 61 ф? Напишите. Вот и все о делах.

Очень понимаю затруднение и даже невозможность для христиан признания власти короля и обещания повиновения. Видно, нет еще на земном шаре места, в котором христиане могли бы жить, не будучи гонимы. Думаю, что это тем более должно поощрять христиан к исполнению воли Бога и ведения христианской жизни, от которой так далеки мирские люди. Что выйдет из этого, нельзя предвидеть, но одно несомненно, что от исполнения людьми воли Бога ничего кроме хорошего не может произойти как для исполнителей, так и для всех людей мира.

Очень рад был услышать от Вас, что матерьяльное благосостояние общины не скрывает от Вас необходимости духовного совершенствования, и надеюсь, что это духовное совершенствование, в котором в одном назначение каждого человека, будет идти среди Вас, не ослабевая.

Благодарю Вас за добрые пожелания. Мне живется очень хорошо. По мере сил работаю, к сожалению самую легкую и сомнительной пользы, работу — писания. Теперь пишу о войне[2], о безумии ее и о том, что избавление от нее только в исповедании не на словах, а на деле учения Христа, и пользуюсь незаслуженным счастием, любовью близких мне и добрых людей.

Прощайте. Братски целую Вас и желаю Вам такой деятельности, в которой бы Вы никогда не раскаялись и постоянно подвигались к Богу.

Любящий Вас Лев Толстой.

Хоть изредка пишите мне о себе и братьях.
3/15 марта 1904.

19. L. N. Tolstoy to P. V. Verigin
3/15 March 1904. Yasnaya Polyana.

I received your letter, dear Petr Vasil'evich, with the statement of the community's income and expenses, which I found most interesting, along with a cheque for £61.

Maude didn't wait for the reimbursement of the money he sent to the old people, but sent another 500 roubles for the Pavlovka villagers, which I sent along to them. So your money (£61) remains unused. I shall put it into the bank and await your reply as to what should be done with it. Yesterday I received a letter from Konkin saying that he is waiting for money from you to take him and his daughter to Canada, since he is now released and hopes to emigrate in May.[1] Should I send him the £61? Let me know. So much for business matters.

I quite understand the difficulty and even the impossibility of Christians recognising the authority of the king and pledging him allegiance. It appears there is no place left on earth where Christians can live without being persecuted. I think this should spur Christians even more to do God's will and live a Christian life, which worldly people are so far removed from. What will come out of this it is impossible to say, but one thing is certain: nothing but good can result from doing God's will, for those who do it as well as for all the people of the world.

I was so glad to hear from you that the material well-being of the community is not keeping you from seeing the need to strive for spiritual perfection, and I hope that this striving for spiritual perfection, which is the sole purpose of each individual, is going on among you without let-up.

Thank you for your good wishes. I am getting along very nicely. I work as much as I can, unfortunately at the easiest task and the one of most doubtful benefit — writing. Right now I am writing about war,[2] about the senselessness of it all, and about how we can be saved from it not by Christ's words, but by practising his teachings, and I am enjoying undeserved happiness, and the love of those good people who are so dear to me.

Farewell. I embrace you in brotherhood and wish you Godspeed in that activity which you never need repent of and constantly draws you nearer to God.

        Lovingly, Leo Tolstoy.

Write to me about yourself and the brethren at least occasionally.
3 [old style] / 15 [new style] March 1904

[1] Письмо И. Е. Конкина от 2 февраля 1904 г. сохранилось в архиве Толстого. Ответ Толстого ему — Т. 75, С. 58.

[2] Статья «Одумайтесь!» — по поводу русско-японской войны.

Роспись Расходу и Приходу за 1903 г. Духоборческой общины в Канаде.

		$	¢
1.	Куплено 35 лошадей в Виннипеге	6719	50
	" 5 жеребцов	3150	00
	" 323 лошадей от Райч и Феирс	25696	00
	" 7 лошадей от Сикяшина и 2 от Плаксина	1200	00
	Провоз и расходы при доставке всех лошадей, покупка разных вещей для табунщиков и проводников	906	05
	Итого	3767	55
	Сельско-хозяйственныя Орудия.		
2.	Куплено 4 конно-перевозных поровиков с молотилками	9250	00
	" 2 самохода поровика с молотилками	6000	00
	" 2 Пильных Станка	900	00
	Мазь для поровиков, Инспектору и харчи при переправках	142	24
	Уплочено за Принц.-Альбертские поровики	2000	00
	Припасы для поровиков, расходы на машинистов	1100	00
	50 жней, 32 сено-косилки и 20000 фунт. ниток	10309	00
	45 рязалок 20 сеялок 16 фургонов 109 плугов 234 троичек борон 12 хлебошвырок и 152 саней	14092	55
		43793	79
3	Куплено Красного товару всего	29338	29
4	Земли, Принузое от правительства, и Купленная Петром Васильевичем	36250	00
5	Куплено Пшеницы овса и муки	9720	20
6	" Хамутов и Сапожного товару	13445	22
7	" Зимний обуви мужчинам и женщинам	4913	58
8	" Железо, посуды, инструменты и пр.	5901	11
9	" Соли Керосины и скла	2653	08
10	" Сахар Чай и мазь	2294	87

Из 1-й стр-цы составленной П. В. Веригиным «Росписи Расходу и Приходу за 1903 г. Духоборческой общины в Канаде» (см. стр. 65)

From the first page of Verigin's 'Statement of Expenses and Income for 1903 of the Doukhobor community in Canada' (see p. 65)

[1]Ivan Konkin's letter dated 2 February 1904 is on file in the Tolstoy archives. Tolstoy's reply is in Vol. 75, p. 58 of his *Complete Collected Works*.

[2]The reference is to Tolstoy's article 'Bethink yourselves!' [*Odumajtes'!*] concerning the Russo-Japanese war.

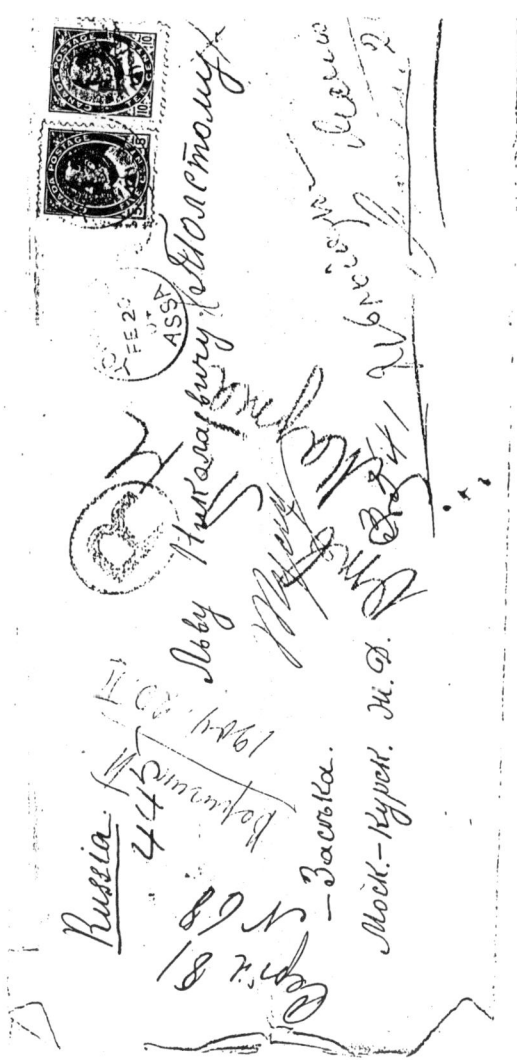

Конверт письма П. В. Веригина от 20 февраля 1904 г., заштемпелеванный в г. Йорктоне (в провинции Саскачеван)

Envelope for Verigin's letter of 20.II.1904, postmarked in Yorkton (Sask.), addressed to Tolstoy in Tula (near Yasnaya Polyana)

20. П. В. Веригин — Л. Н. Толстому
12 апреля 1904 г. Отрадное.

Канада. — Иорктон. Село Отрадное. 12 Апр. 1904.

Добрый Лев Николаевич, уведомляю Вас, мы все живы и здоровы — в особенности Духом, слава Богу. Мать моя от тяжелой зимней болезни сейчас к весне стала оправляться, — вероятно как и все в природе. — Просит передать Вам и всему Вашему семейству душевное почтение и глубокую благодарность за Вашу заботу о ее родных и всех людях. Каждое Ваше письмо она просит перечитывать несколько раз, и мы — ее дети, Григорий и я, с удовольствием это делаем. Вы, уважаемый Лев Николаевич, так чрезмерно добры и любезны ко мне, так часто пишете. Дух Мира в Вас я, конечно, очень глубоко ценю, а также и все Духоборцы, только они не могут выражать чувства свои на словах распространенно. — Я говорю о истинных Духоборцах. — Это, вероятно, исключительное качество Христианства — не говорить много. Мне и Христос представляется более молчаливым человеком-наблюдателем и примерной фактической жизни.

Последнее Ваше письмо от 3/15 Мар. получено. Сердечно благодарю — а также и все друзья мои из Духоборцев — Вас за Ваши заботы о всех страждущих людях. Конкину — имеющиеся у Вас 61 ф. пока не посылайте. Духоборцы им послали двести долл. — хотя не на приезд в Канаду, а все-таки на улучшение их жизни с больной дочерью. Вот может семейство Конкины приедут скоро к Вам в Москву, прошу Вас, милый Лев Николаевич, помогите им, чрез друзей Ваших, устроиться с больной дочерью, например, доктора не помогут ли в этой болезни[1]. Если деньги те 61 ф. до тех пор сохранятся, то можно из них тратить на это дело сколько потребуется.

Зима здесь была очень долга и снежна. Теперь, слава Богу, открывается весна. Дети все в духоборческих селах поют привет весны: «пришла Весна к нам молодая»! И действительно: вечно молодая! Как дивно устроен мир. Как искренно желал бы я, дорогой Лев Николаевич, чтобы Вы могли быть в духоборческих селах и видеть детей от 8 до 10-летнего возраста, когда они сейчас поют весенние песни — много вытверженных из хороших современных книжек. Мне кажется, эти картины — артели детей, могли бы быть значительным вознаграждением за Ваш долгий труд — как борца за истину.

20. P. V. Verigin to L. N. Tolstoy
12 April 1904. Otradnoe.

Canada. — Yorkton. Village of Otradnoe. 12 Apr. 1904.

My dear Lev Nikolaevich, I am happy to inform you that we are all alive and well, especially in the Spirit, thank God. Now that spring has come my mother has begun to recover from a serious winter illness — no doubt like everything in nature. — She sends you and your whole family her warmest regards and her deep gratitude for your attentions to her relatives and everyone else. She asks us to read each of your letters several times to her, and we — Grigorij and I, her children — are happy to do so. You, my esteemed Lev Nikolaevich, are so exceedingly kind and good to me to write so often. I, of course, have a deep appreciation for the Spirit of Peace within you, as do all the Doukhobors; it is just that they cannot so freely express their feelings in words. — I am talking about the true Doukhobors. — No doubt this is an exclusively Christian trait — not to talk a lot. To me even Christ seems to represent more a silent human observer and an exemplary practical life.

Your last letter of 3/15 March has arrived. My heartfelt thanks — and those of all my Doukhobor friends — to you for all you are doing for all the suffering people. Don't send the £61 you have on hand to Konkin just yet. The Doukhobors have sent him two hundred dollars — not for coming to Canada, mind you, but for improving living conditions for him and his sick daughter. Konkin's family may soon be coming to Moscow to see you — I beg you to help them, dear Lev Nikolaevich, to have your friends arrange things for his sick daughter, for example — see if the doctors can't help with this illness.[1] If you still have the £61 on hand, you can spend as much of it as is necessary on this case.

The winter here has been a long one with lots of snow. Now, God be thanked, spring is opening up. All the children in the Doukhobor villages are singing their greeting to spring: *'prishla Vesna k nam molodaya"* [Spring has come to us young and fair]! And really, she is eternally young! How marvellously the world is constructed! How fervently I wish, dear Lev Nikolaevich, that you could be here in the Doukhobor villages and see these 8- to 10-year old children singing their songs of spring — many of them memorized out of good contemporary song-books. I feel such images — these groups of children — would prove a significant reward for your long labours as a fighter for truth.

В каждом селении детей по 30–40, а есть и до 50-ти в десяти-летнем возрасте — обоего пола. — Я глубоко восхищаюсь детьми в среде Духоборцев — это меня сильно и привязывает к ним, к Духоборцам. Например, дети поют: «все лица весело глядят», и на самом деле в это время дети все полуулыбаются. Как наивны и беспечны дети в своей молодой душе! Им нет дела до «конфликтов», в самых даже наивеличайших державах.

Целую Вас сыновно и братски, любящий Вас

Петр Веригин.

---

[1]Дочь Конкина была душевнобольной.

Последняя страница письма от 12.IV.1904 г. с подписью Веригина
Last page of letter of 12 April 1904 with Verigin's signature

There are about thirty or forty children in each settlement, some have as many as fifty around ten years of age, of both sexes. I am most excited about the children in our Doukhobor milieu — they are a strong bond between me and the Doukhobors. For example, when the children sing 'all our faces look happy', they really do have a little smile on their face at that time. How innocent and carefree the children are in their young souls! They have little use for 'conflicts', even among the very highest powers in the world.

I embrace you as a son, and in brotherhood. Lovingly,

Peter Verigin.

---

[1]Konkin's daughter was mentally ill.

Конверт письма П. В. Веригина от 12 апреля 1904 г., заштемпелеванный в г. Йорктоне (в провинции Саскачеван)
Envelope for Verigin's letter of 12.IV.1904, addressed to Tolstoy at the Kozlovka-Zaseka railway station (near Yasnaya Polyana)

21. П. В. Веригин — Л. Н. Толстому
1 апреля 1905 г. Торонто.

1 Апреля 1905 г. Город Торонто.

Уважаемый Лев Николаевич,

Сейчас я с двумя депутатами от Общества приехали в южные города в Канаде, от наших поселений. Небольшое было дело к канадскому Правительству, а главное управление находится в Оттаве. Дело в том: когда Духоборцы остановились по Ассинибойю и Сван(р)иверу (местности носят название по рекам), то выговорили, чтобы поселиться селами и землю разделывать под гурт, т. е., не на каждом гомстеде — как полагается по канадскому порядку. Бывший Министр Внутренних дел, Сифтон — теперь он вышел в отставку, уважил это. Но сейчас, когда Духоборцы, так сказать, сформировались и начали разделывать землю просто рядом, а большинство гомстедов остается не тронутыми, правительство увидело нарушение порядка и жители Англичане стали разъезжать по полям, нами занятым, выбирая нераспаханные хорошие земли. Стали обращаться в подлежащие конторы, чтобы гомстеды эти переводились на них как свободные гомстеды.

Порядок в Канаде таков: человек, записавший гомстед — 160 акров — и три года пропустивший не распахивая, лишается прав на эту землю. Такая система очень разумна: землею может только пользоваться тот, который возделывает ее. Конечно, много и в Канаде несовершенств и хищений в приобретении земли в одни руки за деньги. Но я говорю о так называемой казенной земле — которая только выдается переселенцам — на каждого от 18 лет мужчину даром, и один раз. По вышеизложенной причине мы и приезжали в Оттаву и сейчас вторично правительство подтверждает свое обещание и посылает указ в ближайшие конторы к нашим селам, чтобы земли Духоборцев не отчуждались — не переводились на других лиц. Все-таки такую «привилегию» они считают нарушением порядка.

В особенности местные жители начинают смотреть на Духоборцев с завистью, так как Духоборцы общинной организацией скорее могут подняться в материальном хозяйстве и следовательно будут идти впереди англичан. Так, например, Духоборцы имеют уже паровые молотилки 20 пар — пару я считаю: паровик и молотилка —, до двух сот жней, резки и другие самые усовершенствованные орудия. Пшеница размалывается дома, приобретены лесо-

21. P. V. Verigin to L. N. Tolstoy
1 April 1905. Toronto.

1 April 1905. City of Toronto.

Esteemed Lev Nikolaevich,

At the moment I have come along with two Community representatives from our settlements to the cities of south[-east]ern Canada. We had a small matter to take up with the Canadian Government whose headquarters is located in Ottawa. The situation is this: when the Doukhobors settled at Assiniboia and Swan River (the places take their names from rivers), they were told to settle in villages and divide the land up according to their [cattle] herds, and not by individual homestead as is customary in Canada. This was granted by the former Minister of Internal Affairs [Clifford] Sifton, who has since retired. But now that the Doukhobors are organised, so to speak, and have begun to till the land that happens to lie close by, leaving most of the homesteads untouched, the government sees this as a violation of official custom and the English[-speaking] residents have started riding around the fields assigned to us, selecting the good unploughed lands for themselves. They have begun applying to the [local] department offices to have these homesteads transferred to their name as free homesteads.

The official custom in Canada is that someone who has registered a homestead (160 acres) and lets three years go by without ploughing it forfeits the right to that land. It is indeed a logical system: the land can only be enjoyed by those who work it. Of course, in Canada there are many imperfections and misappropriations of land and greedy hands out only after money. But I am speaking of the so--called Crown lands — which are only given to migrants — every male 18 or over is given a plot free, on a one-time-only basis. It is for this reason that we have come to Ottawa and now the government is once again confirming its promise and is sending notice to the department offices closest to our villages, so that the Doukhobors won't lose their lands to someone else. Still, they consider such a 'privilege' to be a violation of official custom.

The local residents, especially, are beginning to regard the Doukhobors with some degree of envy, since the Doukhobors through their community organisation are able to raise their standard of living more quickly and so get ahead of the English. For example, the Doukhobors already have twenty sets of steam threshers (a 'set' con-

пильные станки, на это лето куплено десять паровозов для пахоты — прошлое лето для опыта пахали одним. Конечно, все это обзаведение окружающих Англичан — как самолюбивую расу, злобит, потому они, живя по одиночке, по двадцати лет, и не могут завести паровой молотилки. Да и невозможно, потому что паровая молотилка стоит 3000$, а три тысячи долларов не так легко выработать одному человеку на пшенице или овсе. Англичанам очень желательно, чтобы Духоборцы разбились по фармам и по одиночке тянули «кабалу» задолженности банкам.

В Канаде жизнь земледельца также не особенно завидна, за редким исключением, каждый должен $500 и 600 и даже 1000, я говорю о рядовом неимущем эмигранте, такой заем необходим для обзаведения на первое время. И раз человек в силу необходимости попадает под задолженность, положение делается очень тяжелым, почти весь доход приходится отдавать процентами на заем. Местные «пауки» банки не стесняются брать 10–12 и даже до 20%. Вот Духоборцы своей общинной организацией и стараются не подпасть под опеку «пауков». Земледельцы Англичане — они все живут одиночками, сердятся за то, что хозяйство их может идти отстало, капиталисты за то, что к ним не обращаются брать вещи и деньги за проценты.

Духовная жизнь Духоборцев, дорогой Лев Николаевич, идет обычным порядком. Ведь они не были и вообще высоконравственными людьми и сразу требовать от них «Ангельской» жизни невозможно.

Многим климат кажется холодным, так как они желали бы совсем обходиться без помощи рабочего скота и коров. Для этого предстоящее лето мы предполагаем поехать осмотреть Колумбию и Калифорнию; если окажется мало-мальски возможность перейти, то желающие заняться садоводством переселятся.

Духоборцы не прочь послать депутатов даже в Австралию и по этому поводу ведется переписка с одним прежним другом Духоборцев, живущим в Австралии. Конечно, это все не искание Духовной Истины, а только удобного местожительства. Но так называемые «свободники» Духоборцы — они обобщают жизнь вообще и говорят, если человек будет угнетать животных, живя в суровом холодном климате, то он будет и дальше от Истины.

Мы были за эту поездку в Монтреале у Русского Консула Струве, карсинским Духоборцам плотят за дома, и надо было получить от него деньги. Струве очень любезный человек. В Торонто осматриваем фабрики, чтобы вещи как мануфактурные и другие получать для общины из первых рук. В Торонто живет профессор Мевр[1] — хороший наш друг, мы с ним сговорились поехать как-либо навестить Вас, уважаемый Лев Николаевич. Два дня проводим время вместе. Вчера были в театре, давалась так сказать полудрама, Вам может известно, какое это представление;

sisting of a steam engine and a thresher), up to two hundred scythes, cutters and other state-of-the-art equipment. The wheat is ground at home, they have bought wood-cutting machines, along with ten steam engines for ploughing this summer — last summer we experimented with just one. Of course all this setting up angers the English [speakers] in the neighbourhood — they are a self-loving race, and even after twenty years individual homesteaders still can't afford to buy a steam thresher. No wonder, since a steam thresher costs $3,000, and three thousand dollars is not something a person living off wheat or oats can easily come by. The English would love the Doukhobors to break up into small farms and serve out a 'bondage' of individual indebtedness to the banks.

A farmer's life in Canada isn't all that enviable; with the rare exception, farmers each owe five or six hundred or even a thousand dollars; I'm talking about the ordinary have-not immigrants who need to borrow that much at first to get started. And once a person is obliged to fall into a state of indebtedness, this makes his situation extremely difficult, as almost all his income must go to pay interest on the loan. The local 'spider' banks have no hesitation in charging ten or twelve or even twenty percent. And so the Doukhobors with their community organisation try not to fall under the 'spiders'' control. The English[-speaking] farmers who all live on individual homesteads are upset because their own enterprises might fall behind, while the capitalists are upset because they don't get goods or money from [the Doukhobors] for interest.

The spiritual life of the Doukhobors, dear Lev Nikolaevich, is moving along at its usual pace. After all, these were not highly moral people to begin with and it is impossible to demand they start living an 'angelic' life all at once.

Many find the climate too cold, as they would like to get by without any help at all from cows and work cattle. With this in mind we plan to go this summer and have a look at [British] Columbia and California; if there is any possibility at all of moving, the ones who want to work with fruit-growing will go.

The Doukhobors are not averse to sending representatives even to Australia; to this end we are in correspondence with a former Doukhobor friend living in Australia. Of course all of this is not a search for Spiritual Truth but only for a comfortable place to live. But the so-called 'Sons of Freedom' Doukhobors abstract life to the extreme and say that a person living in a cold, harsh climate who exploits animals is that much further from the Truth.

During this trip we went to see a Russian Consul named Struve in Montréal, as the Kars Doukhobors were paid for their houses and we had to get the money from him. Struve is a rather likeable fellow. In Toronto we are visiting textile factories to get fabrics and other manufactured goods first-hand for the community. There is a Profes-

житель Марса предупреждает «Буржуа», чтобы он не злоупотреблял своим богатым положением, в конце концов наводит громы и лишает земного жителя богатства и превращает в нищего. На компаньонов моих: Семена Вас. Верещагина и Семена Рыбина — эта комедия произвела большое впечатление; придя в номер, мы долго рассуждали о несправедливости нашей жизни.

Недавно я послал на Ваше имя письмо Степанову. Если получите, дошлите пожалуйста.

Передайте душевный привет всем друзьям, желаю Вам всех благ от Господа Бога.

Здоров.

Петр Веригин.

---

[1]Профессор политической экономии Джемс Мэвор (James Mavor) был впервые у Толстого в 1889 г. Помогал духоборцам при переселении в Канаду, сохранились его письма и ответы Толстого. С. Л. Толстой вспоминал, что предложение о Канаде исходило от П. А. Кропоткина, друга Мэвора: «Мэвор провел пропаганду о желательности эмиграции духоборов, как людей, пострадавших за веру, трудолюбивых и вообще почтенных, и стал хлопотать перед канадским правительством о принятии их в Канаду» (Толстой С. Л. Очерки былого. М., 1956. С. 188). Мэвор приезжал в Ясную Поляну летом 1910 г. во время своего путешествия по Китаю, Японии и России.

sor Mavor[1] in Toronto — a good friend of ours; he and I have agreed to go pay you a visit some time, my esteemed Lev Nikolaevich. We are spending a couple of days together. Last night we went to the theatre, where there was playing a comedy-drama, so to speak. You might even be familiar with it: 'Bourgeois' is warned by a Martian not to misuse his position of wealth; in the end [the Martian] brings on thunderings and deprives the earthling of his wealth, turning him into a beggar. The comedy made quite an impression on my companions — Semën Vereshchagin and Semën Rybin; upon returning to the hotel we talked for a long time about the injustices in our life.

Recently I sent a letter to Stepanov care of you. If you receive it, please pass it on to him.

Give my heartfelt greetings to all our friends. I wish you all blessings from the Lord God.

I'm keeping healthy.

Peter Verigin.

---

[1]James Mavor, a political science professor, first went to see Tolstoy in 1889. He helped the Doukhobors re-settle in Canada; his letters and Tolstoy's replies have been preserved. Tolstoy's son Sergej L'vovich recalled that the proposal to emigrate to Canada originated with Mavor's friend Petr Kropotkin: 'Mavor started a publicity campaign about the desirability of having the Doukhobors as immigrants, as they were people who had suffered for their faith, hard-working and on the whole quite respectable, and he began to lobby the Canadian government to let them into Canada' (S.L. Tolstoy. *Ocherki bylogo* [*Sketches from the past*]. Moscow, 1956, p. 188). Mavor visited Yasnaya Polyana in the summer of 1910 during his travels through China, Japan and Russia.

22. Л. Н. Толстой — П. В. Веригину
28 мая 1905 г. Ясная Поляна.

Любезный брат Петр Васильевич,

Давно уже получил Ваше интересное и доброе письмо и порадовался и тому, что Вы меня помните, и тому, что дела матерьяльные вашего общества идут хорошо. Дай Бог только, чтобы благодаря матерьяльному успеху не ослабевало духовное напряжение и совершенствование. А то часто бывает, как в коромысле весов: по мере того как поднимается одно, опускается другое. Надо стремиться к тому, чтобы поднималась точка опоры коромысла, а если уже нужно ему колебаться, то уже лучше пускай беднеют люди матерьяльно, только бы богатели духовно. Думаю, и желаю, и надеюсь, что так это будет с духоборами. Духовная жизнь в вашей общине настолько разгорелась, что она не должна потухнуть, а должна только разгораться. Радуюсь за возвращение Якутских. Братски приветствую Вас и всех знающих меня.

Лев Толстой.

28 мая 1905 года.

22. L. N. Tolstoy to P. V. Verigin
28 May 1905. Yasnaya Polyana.

Dearest brother Petr Vasil'evich,

I received your kind and interesting letter some time ago now and was so glad both that you remember me and that the financial affairs of your community are coming along well. God grant only that material success does not mean a weakening of spiritual effort and striving for perfection. It often happens that way, just like with a balance: as one goes up the other goes down. You have to try to raise the level of the fulcrum, but if the balance has to swing one way or another, it is better to let people be materially poor so long as they are enriching themselves spiritually. I think, and I hope, and I wish that this is how it will be with the Doukhobors. The spiritual life in your community is so much aflame that it should not go out, but only keep on flaming. I am happy that the Yakutsk people have returned. My brotherly greetings to you and all those who know me.

Leo Tolstoy.

28 May 1905

23. П. В. Веригин — Л. Н. Толстому
3 июля 1905 г. Отрадное.

Христианская Община

Всемирного Братства

Духоборцы в Канаде

3го Июля 05 г. С. Отрадное
Иорктон. — Канада.

Льву Николаевичу
Толстому

Петр Веригин.

Дорогой друг Лев Николаевич, письмо Ваше мною получено и очень большую принесло мне пользу. Слово «Дорогой» у нас вошло в простое любезное слово, тогда как Вы, любезный Лев Николаевич, по истине для меня состоите дорогим человеком. Каждое Ваше слово изливается простотой и задушевностью — а это--то и дорого для нас вообще, если бы люди побольше обращались друг к другу запросто и в искренности.

Ваши опасения за будущность духоборцев в Канаде основательны и мне понятны. Но я не могу не принять близкого участия в устройстве материального подъема — так как духовное во многом не от нас зависит, это касается каждого лично человека. — Например, я могу дать человеку: телка, лошадь, сто рублей и тому подобное, но отдать душу я не могу и кажется этого невозможно сделать — сколько я наблюдаю жизнь людей. — На это есть особенный предел, откудова исходит дух жизни и разумения. Дух дышит где хочет[1] и куда уходит, нам не известно. Хотя Христос говорит: мир не знает меня, а Вы знаете[2]. Конечно, в этом знании надо подразумевать единение духа.

Вам известно, Дорогой Лев Николаевич, что духоборцы переехали в Канаду материально нищими и может, согласно Вашему разумению, в этом было их благо. Вероятно, материальный не-

23. P. V. Verigin to L. N. Tolstoy
3 *July 1905. Otradnoe.*

Christian Community

of Universal Brotherhood

The Doukhobors in Canada

3rd July '05. Village of Otradnoe
Yorkton. — Canada.

To Lev Nikolaevich
Tolstoy

[from] Peter Verigin.

Dear Friend Lev Nikolaevich, I have received your letter and it has been a very big help to me. The word 'Dear' where you are concerned has become simply the kindest word, since you, kind Lev Nikolaevich, are truly a dear person to me. Every one of your words overflows with simplicity and sincerity, and that is something dear to us all, if only people would treat each other more simply and sincerely.

Your fears for the Doukhobors' future in Canada are valid and understandable. But I cannot refuse to accept people's close participation in building material progress — since in many respects the spiritual does not depend upon us, it is something that touches each one individually. — For example, I can give someone a heifer, a horse, a hundred roubles and so on, but I can't give him a soul, and insofar as I am able to observe human life, it strikes me as an impossible task. — There is a special place for that, where the spirit of life and understanding originates. The Spirit 'bloweth where it listeth'[1] and where it goes we do not know. Although Christ says: the world knoweth me not, but you know me.[2] Of course, this 'knowledge' should be interpreted as unity of the spirit.

You are aware, dear Lev Nikolaevich, that the Doukhobors came to Canada materially poor and possibly, according to your under-

достаток и сблизил их души и привел к Богу — так как Бог осуществляется в единение человеческих душ.

Мне кажется, весь мир создан и существует во благо, и почему материальное богатство — как мы считаем — должно послужить нам во зло? Когда человек начинает злоупотреблять богатством или ставить целью жизни в приобретении этого богатства, это совсем другое дело. Духоборцы очень много рассуждают о росте души и мне кажется, даже много работают в этом направлении и в этом их пока благо, а впереди Бог милосердия — я говорю, чтобы мы делались милостивее — в чем и есть цель жизни для человека.

Надо сказать, материальная обстановка общинной жизни поставлена в хорошем порядке, но сильного роста еще нет. Да и как Вы думаете, разве так легко устроиться в пустынном месте? Слишком шестьдесят сел нужно было устроить — помещение отдельно для каждой семьи. Нельзя оставаться на открытом воздухе — потому климат холодный. К помещению потребовался хлеб также в пустынном месте: что Вы бы стали делать, вероятно не сложили бы руки и смотрели бы вверх ожидая манны — как это сделали израильтяне[3]. В Духоборцах очень много детей, я и сейчас еще наблюдаю, как дети и теперь еще не получают достаточного питания от грудей матери и естественно: потому питание матерей было очень скудное.

Разумно ли было, если бы я ходил по слободам и утешал матерей, которые лишались бы детей от недопитания? Как будто дух, который восторгает наше сердце, и хлеб, который питает наше тело, не исходит от одного Бога отца?! К сожалению люди до сих пор подразделяют духовную пищу от телесной.

Нынешнее лето в нашей общине пашет десять паровозов, по 25 сил каждый. Такой силы паровозы легко возят по восьми плугов, так мы для пробы и пахали в прошлом лете одним. Сейчас цепляем четыре и еще машину, так называемая резка, которая вслед же мельчит землю — как женщины рубят капусту. Такое приспособление очень выгодно уже потому, что сокращает труд лошадей, потому кроме пахоты два-три раза надо еще землю резать; и эта резка сравнительно тяжелая машина. — Вы вероятно знаете, это двадцати и больше дюймовые круги в ряд четырнадцать и больше, остро отточенные; впрягается четверик хороших лошадей и если пустить на всю глубь, то лошадям слишком тяжело. Вот потому-то за паровозом и преимущество: можно пускать на всю глубину резку, и если еще раз поперек порезать — достаточно.

30го Июня мы сделали перевод из Иорктонского банка в Москву на имя Александра Никифоровича Дунаева[4] десять тысяч долларов для переезда якутских братьев. Просил Александра Никифоровича предложить московским Друзьям похлопотать в выправ-

standing, therein lies their advantage. Our material insufficiency has probably drawn their hearts closer together and led them to God — since God is manifested in the unity of human hearts.

It seems to me that the whole world was created and exists for good, so why should material wealth — as we deem it — serve us for evil? When someone begins to misuse his wealth or sets the acquisition of wealth as his goal in life, then that is quite a different story. The Doukhobors think a lot about the growth of the soul and it seems to me that they are even doing a lot of work in this direction, and this is their sense of good for the time being, while ahead of them stands the God of mercy — I am saying that we should become more merciful — and this is a person's goal in life.

I must say that the material conditions of our community life are basically in good order, but there is no strong growth yet. Do you think it is easy to get started in a desert place? We had to build more than sixty villages, with housing for each individual family. The climate is too cold to stay in the open air. Even in a desert place each household needs food to eat: what would you have done? — probably not just clasped your hands together and looked up to the sky expecting manna to fall, as the Israelites did.[3] The Doukhobors have a great many children, and I still notice that the children are not yet receiving enough nourishment from their mothers' milk and no wonder, since what the mothers have to eat is meagre indeed.

Would it have been rational for me to walk about the neighbourhoods, comforting the mothers who might lose their children because of malnutrition? As if the spirit which inspires our hearts and the bread which feeds our bodies did not come from the one God and Father?! Unfortunately the people up to now have made a distinction between the spiritual food and the material.

This summer in our community we have ten steam engines doing the ploughing, 25 horsepower each. It is easy for such powerful machines to pull eight ploughs each; that was the way we did it last year experimenting with just one engine. Now we hitch four [ploughs] together along with another machine called a cutter, which trails along behind and breaks up the earth, the way women cut cabbage. Such a tool is extremely useful simply because it reduces the burden on the horses, since [normally] after ploughing you have to go over it two or three more times to break it up, but this cutter is quite a heavy machine. — You probably know: it consists of twenty--inch disks or larger, very sharp, in a row of fourteen or more; with a team of four good horses if you lower it to full depth it is too hard on the horses. That's where the steam engine has the advantage: you can lower the cutter to full depth right off, and then go over it just one more time cross-wise, and that's enough.

On the 30th of June we got a bank draft from the Yorkton bank to send to Moscow in the name of Aleksandr Nikiforovich Dunaev[4] — ten thousand dollars to bring the Yakutsk brethren over. I asked

ке билетов. Да и Конкин вероятно к этому времени будет в Москве.

О Вас, Милый Лев Николаевич, я написал даже, чтобы Вас не беспокоили, мне кажется, в таких вещах могут разбираться и помоложе люди.

Желаю всему Вашему семейству полного благополучия. Пошли Вам Господи, Дорогой Лев Николаевич, еще на многие лета здравия.

Остаюсь здоров, брат Ваш во Христе

Петр Веригин.

---

[1]См.: Евангелие от Иоанна, 3:8.

[2]См.: От Иоанна, 14:17.

[3]См.: Псалом 77:23, 24.

[4]А. Н. Дунаев (1850–1920), знакомый Толстого, одно время разделявший его взгляды; один из директоров Московского торгового банка.

Христiанская Община Всемирнаго Братства.

Духоборцы въ Канадѣ

3 го Iюля 05 г. С. Отрадное.

Iорктонъ.- Канада.

Льву Николаевичу

Толстому

Петръ Веригинъ.

Дорогой другъ Левъ Николаевичъ, письмо Ваше мною получено и очень большую принесло мнѣ пользу. Слово "Дорогой" у нас вошло в простое любезное слово, тогда как Вы, любезный Левъ Николаевичъ, по истинѣ для меня состоите дорогимъ человѣкомъ. Каждое Ваше слово изливается простотой и задушевностью - а это-то и дорого для нас вообще, если бы люди по-больше обращались друг к другу запросто и в искренности.

Ваши опасенія за будущность духоборцев в Канадѣ, основательны и мнѣ понятны. Но я не могу не принять близкого участія в устройствѣ матеріальнаго подъема - так как духовное во многом

Из первой и последней страниц единственного известного машинописного письма П. В. Веригина к Л. Н. Толстому (3.VII.1905 г.)

Aleksandr Nikiforovich to get our Moscow Friends to arrange the tickets to be sent. Konkin too will probably be in Moscow by that time.

I told him that you, Dear Lev Nikolaevich, should not be disturbed [on this matter]; I think such affairs can be looked after by slightly younger people.

I wish your whole family complete health. And may the Lord send you, Dear Lev Nikolaevich, many more years of a healthy life.

I am keeping healthy myself. Your brother in Christ,

Peter Verigin.

---

[1] See St John's Gospel 3:8.

[2] See John 14:17.

[3] See Psalm 78:23, 24.

[4] Aleksandr Dunaev (1850–1920) was a friend of Tolstoy's who at one time shared his views; he was one of the directors of the Moscow Commercial Bank.

Христіанская Община

Всемирного Братства.

Духоборцы въ Канадѣ

Желаю всѣму Вашему семейству полного благополучія.

Пошли Вам Господи Дорогой Лев Николаевич

еще на многія лѣта здравія,

Остаюсь здоров, брат Ваш во Христѣ

Петръ Веригин

From the first and last pages of the only known typewritten letter from Verigin to Tolstoy (3 July 1905)

24. П. В. Веригин — Л. Н. Толстому
24 ноября 1906 г. Москва.

24 Ноября, Москва.

Уважаемый Лев Николаевич,

Мы шесть человек приехали из Канады от Духоборческого общества и здесь цель наша, чтобы видеть Вас.

Вчера у нас был Ваш сын Сергей Львович и высказал, что у Вас в доме есть больные[1]. Сообщите пожалуйста телеграммой, можно ли нам приехать к Вам сейчас.

Мы еще едучи из дома составили план так: взять квартиру в деревне около Вас, устроиться и потом уже по возможности видеться с Вами.

С душевным уважением к Вам,

Петр Веригин.

Адрес:
Москва,
Меблированные комнаты «Таку»,
Остоженка

---

[1] В Ясной Поляне тяжело болела дочь Толстого Мария Львовна Оболенская. Умерла 27 ноября 1906 г.

24. P. V. Verigin to L. N. Tolstoy
24 November 1906. Moscow.

24 November, Moscow.

Esteemed Lev Nikolaevich,

Six of us have come from the Doukhobor society in Canada with the express purpose of seeing you.

Yesterday your son Sergej L'vovich dropped by and told us some people in your house are sick.[1] Please let us know by telegram whether we can come to see you now.

On the trip here we agreed we might take an apartment in the village near your place, get settled in and then see you when it is possible.

With heartfelt respect for you,

Peter Verigin.

Address:
'Taku' Rooming House
Ostozhenka
Moscow

---

[1] At Yasnaya Polyana Tolstoy's daughter Maria L'vovna Obolenskaya was gravely ill. She died 27 November 1906.

25. Л. Н. Толстой — П. В. Веригину
30 ноября 1906 г. Ясная Поляна.

Не отвечал Вам телеграммой, милый Петр Васильевич, потому что письмо Ваше застало меня во время болезни дочери. — Очень рад буду видеть Вас и Ваших друзей[1].

Лев Толстой.

30 ноября 1906.

---

[1]Веригин и еще пять духоборцев (И. Ф. Махортов, П. В. Планидин, Д. Н. Гридчин, А. Ф. Голубева, М. В. Дымовская) были в Ясной Поляне 6-10 декабря 1906 г. Врач Д. П. Маковицкий записал в своем дневнике (Литературное наследство, Т. 90, Кн. 2. М., 1979, С. 322-327):

«К духоборам все были очень внимательны. Они же были очень приятны и интересны... Иван Фаддеевич привез Л. Н. чайную чашку из Канады. Л. Н. поблагодарил: «Когда пить буду, буду поминать». Настасья принесла Александре Львовне индейскую подушечку для иголок. Иван Фаддеевич, Настя и Мавруша говорили Л. Н. *ты:* «А ты, дедушка...»

Иван Фаддеевич участвовал в Севастопольской кампании. Вспоминал и спрашивал Л. Н., где ему пришлось там быть.

Л. Н. рассказал:

— Но, слава Богу, ни разу не пришлось стрелять. Пришлось стрелять картечью, когда штурм был, но меня уже там не было...

Приятные разговоры с духоборами; они молча молились, стоя, перед едой и после. Так делают и в гостиницах, например, в Чикаго. И спели псалом (сидя)»

25. L. N. Tolstoy to P. V. Verigin
30 November 1906. Yasnaya Polyana.

I did not reply to you by telegram, dear Petr Vasil'evich, as your letter arrived during the time of my daughter's illness. — I shall be most happy to see you and your friends.[1]

                Leo Tolstoy.

30 November 1906

---

[1] Verigin and five other Doukhobors (Ivan Faddeevich Makhortov, Pavel Planidin, D.N. Gridchin, Anastasiya Golubeva, Marfa Dymovskaya) visited Yasnaya Polyana 6–10 December 1906. The doctor Dushan Makovitskij noted in his diary (*Literaturnoe nasledstvo*, Vol. 90, Bk 2. Moscow, 1979, pp. 322–327):

Everyone was very attentive to the Doukhobors. They were most pleasant and interesting... Ivan Faddeevich [Makhortov] brought L. N. [Lev Nikolaevich] a teacup from Canada. L.N. thanked him and said, 'When I have a cup, I shall remember.' Nastas'ya [Anastasiya Golubeva] brought Aleksandra L'vovna [another of Tolstoy's daughters] an Indian needle cushion. Ivan Faddeevich, Nastya and Mavrusha [Marfa Dymovskaya] all addressed L.N. using the word *ty* [the familiar form of address]: '*A ty, dedushka...*' [You, Grandpa...]

Ivan Faddeevich had served in the Sevastopol' campaign. In reminiscing about it he asked L.N. where he had been sent there.

L. N. recounted:

'But, thank God, I didn't have to fire even once. There was an order to fire case-shot during an attack, but I wasn't there...'

Pleasant conversations with the Doukhobors; they prayed silently, standing up, both before and after meals. They do that in hotels too, in Chicago for example. And they would sing a psalm (sitting down).

26. П. В. Веригин — Л. Н. Толстому
10 декабря 1906 г. Ст. Козловка-Засека.

10го Дек. 06 г. Ст. Засека.

Душевно уважаемый Лев Николаевич,

Все мы во главе с Дедушкой Махортовым[1] искренно Вас благодарим и все Ваше семейство, что Вы нас приняли радушно, спаси Вас Господи за хлеб-соль. Сегодня я еще желал увидет(ь)ся с Вами, но не посмел. Может Господь благоволит когда-либо еще увидимся.

Прощайте, брат Ваш в Боге

Петр Веригин.

---

[1] И. Ф. Махортову было тогда 86 лет.

Письмо П. В. Веригина к Л. Н. Толстому от 10 декабря 1906 г.

26. P. V. Verigin to L. N. Tolstoy
10 December 1906. Kozlovka-Zaseka Station.

10th Dec. '06. Zaseka Station.

Deeply esteemed Lev Nikolaevich,

Our whole group, headed by Grandfather Makhortov,[1] is sincerely grateful to you and your whole family for your warm welcome; may the Lord bless you for such hospitality. I did want to see you again today, but was not bold enough to do so. Perhaps we shall see each other again some time, the Lord willing.

Farewell. Your brother in God,

Peter Verigin.

---

[1] Ivan Faddeevich Makhortov was 86 years old at the time.

Verigin's letter to Tolstoy of 10 December 1906

27. П. В. Веригин — Л. Н. Толстому
12 января 1907 г. София.

12 янв. ст. ст. 07 г. Гор. София.

Уважаемый Лев Николаевич,

Сейчас мы на вокзале для выезда на Буда-Пешт. От Вас заезжали в Харьков к Бодянскому, были в Севастополе и Ялте.

Бодянский нам посоветовал осмотреть побережье Черного моря — западное.

Из Севастополя мы проплыли прямо в Константинополь и оттуда на пароходе в Бургас.

Недалеко от Бургаса есть продажная земля рублей по 30 за десятину.

Если бы пришлось, я думаю, здесь можно поселиться небольшой колонией человек в 500 и возделывать хорошие сады.

Мы все здоровы слава Богу и душевно Вам и всему Вашему семейству кланяемся, в особенности Дедушка наш очень бодр и всю дорогу веселит нас.

Иосиф Константинович[1] с нами — он поехал помочь нам осмотреть около Бургаса местность, а сейчас хочет проехать и до сестер в Англию.

Здесь выпал снег и мороз до 20°.

В Бургасе мы прожили три дня лишних, потому дорогу замело снегом. Теперь спешим пробраться к друзьям в Женеву, а потом скорее домой. Простите, что до сих пор не написал Вам.

Петр Веригин.

---

[1]И. К. Дитерихс (1868–1932), брат А. К. Чертковой (жены В. Г. Черткова) и О. К. Толстой (до 1903 г. жены А. Л. Толстого). До 1897 г. жил на Кавказе в качестве «начальника над горцами». За сочувствие духоборцам был выслан из Кавказского края. Принимал живое участие во всех их делах.

27. P. V. Verigin to L. N. Tolstoy
12 January 1907. Sofia, Bulgaria.

12 Jan. (old style) '07. City of Sofia.

Esteemed Lev Nikolaevich,

At the moment we are at the railway terminal waiting for our train to Budapest. After leaving your place we stopped at Khar'kov to see Bodyanskij, and visited Sevastopol' and Yalta.

Bodyanskij recommended we have a look at the Black Sea coast — the western side.

From Sevastopol' we sailed directly to Constantinople and from there by steamship to Burgas.

Not far from Burgas there is some land for sale at 30 roubles per *desyatina*.[1]

If it were necessary, I think we could move a small colony of about 500 people here and set up good orchards.

We are all in good health, thank God, and send our heartfelt greetings to you and your whole family. Our 'Grandfather' is especially lively and keeps us entertained throughout the trip.

Iosif Konstantinovich[2] is with us — he came to help us inspect the location near Burgas, and now wants to go see the sisters in England as well.

Snow has fallen here and the temperature is minus 20°.

We have had to spend an extra three days in Burgas because of snow-covered roads. Now we are hurrying to get through to our friends in Geneva, and then home as quickly as possible. Forgive me for not writing to you sooner.

Peter Verigin.

---

[1] *desyatina* — a unit of land equivalent to slightly more than 1 hectare.

[2] Iosif Konstantinovich Diterikhs (1868–1932), was a brother of A.K. Chertkova (V.G. Chertkov's wife) as well as O.K. Tolstoy (A.L. Tolstoy's wife until 1903). Until 1897 he lived in the Caucasus as 'superintendent of the mountain tribes'. His sympathy for the Doukhobors led to his being exiled from the Caucasus. He took an active part in all their affairs.

28. П. В. Веригин — Л. Н. Толстому
9 марта 1907 г. Отрадное.

9го Марта 07 г.   Село «Отрадное».

Verigin, Sask.
Kanada.

Дорогой друг Лев Николаевич,

Вот, слава Богу, мы доехали домой благополучно. Все здоровы. Дедушка до самого места держался очень спокойным и бодрым. Теперь все мои спутники разъехались и разошлись по родным, но просили, если я буду писать Вам, чтобы и от них приписать душевный привет и благодарность за Ваш радушный прием.

Маршрут, выбранный нами во всей поездке, оказался очень удачным, так что на всем пути мы не встретили больших холодов и вместе с тем видели много городов и мест. В России с осени, когда мы проезжали, зима еще не окрепла, а по мере ее приближения, мы все уклонялись на юг и таким путем, возвращаясь по средней Европе, избегли суровой зимы. По всему пути я собирал — хотя краткие сведения о жизни народностей, а также и о земле на случай приобретения в теплом климате для братьев Духоборческой общины. От Вас мы проехали на Харьков, Севастополь, Константинополь, Буда-Пешт, Вену, Женеву, Париж и к друзьям Чертковым. Подходящие условия: западный берег Черного моря в Болгарии, можно иметь участки в Швейцарии, вероятно и в Италии, так как люди уклоняются от занятия возделывания земли — богатый класс, у которых задерживается земля, и охотой ее отдают. Около Нью-Йорка есть свободные земли под садоводство. Я о таких землях и говорю, потому что многие из Духоборцев тяготеют к этому занятию. Предполагаю в скором времени выехать и собрать сведения о побережьи Тихого Океана для приобретения земли под садоводство. Надо Вам сказать, мы согласны поселиться небольшими колониями в разных частях света. — Хотя это пока мое личное понимание. —

Приехав в Канаду, я встретил в духоборческой жизни большую новость: все земли, записанные за Духоборцами, объявлены свободными; и сейчас вновь приглашают записать «гомстеды», кто согласится принять Великобританское Подданство, и соглашающемуся жить и разделывать землю особняком. А остающимся в

28. P. V. Verigin to L. N. Tolstoy
9 March 1907. Otradnoe.

9ᵗʰ March '07. Village of 'Otradnoe'.

Verigin, Sask.
Canada.

Dear Friend Lev Nikolaevich,

Here we are, thank God, back home safe and sound. Everyone's fine. 'Grandfather' stayed calm and cheerful the whole way home. All my companions have now gone off to their own relations, but they asked me, if I should be writing to you, to be sure to send you their heartfelt greetings and gratitude for your warm hospitality.

The route we chose for the whole trip turned out most successfully, as nowhere in our travels did we meet serious cold spells, and we saw a lot of cities and places. When we passed through Russia in the autumn, winter had not yet set in, and as it approached we were already heading further south and so, returning through central Europe, we managed to avoid severe winter conditions. Throughout the trip I kept jotting down information — at least brief notes — about the life of different ethnic groups, and about the land too, in case we should acquire some land in a warm climate for the brethren of the Doukhobor community. After we left you we went to Khar'kov, Sevastopol', Constantinople, Budapest, Vienna, Geneva and Paris, as well as to see our friends the Chertkovs [in England]. Favourable living conditions are to be found on the west side of the Black Sea in Bulgaria; we could also have plots of land in Switzerland and probably in Italy as well, since the people there do not feel like tilling the ground — the rich classes who own the land are happy to give it away [to be tilled]. There are some free fruit-growing lands near New York. I am talking about these lands in particular because many of the Doukhobors are inclined toward this type of activity. I am planning in the near future to go out and gather information about acquiring lands for fruit-growing on the Pacific coast. I should tell you that we are prepared to re-settle in small colonies in different parts of the world. — At least that is how I personally see it.

Upon my return to Canada I was greeted by some big news in the Doukhobor community: all the lands registered in the Doukhobors' name have been declared 'free', and now they are inviting people

общине нарезают по 15 акров на все количество людей, не исключая женщин и детей.

Очень занятный вопрос, не правда ли? Интересен вопрос потому: на какие «вылазки» решается Правительство, и потому: как отнесутся Духоборцы, примут ли Подданство или предпочтут жить в неопределенном положении. Или вернее сказать, в более определенном быть положении без Подданства. Правительство выбросило «кости», выиграет или нет, это покажет время.

Меня очень удовлетворяет, Духоборцы приняли это предложение с покойным хладнокровием, вероятно потому, что вопрос о Подданстве большинством Духоборцев решен заранее последних трех-четырех лет, отрицательно.

В стране начинает слышаться «шопот», что такие поступки со стороны Правительства грязны. Люди с усердием занялись хлебо-пашеством, возделали сравнительно порядочно земли и у них эту землю отобрать, не представив уважительных причин.

Во всем хозяйстве и в здоровье людей в Духоборцах полное благополучие.

Поездка мне лично принесла большую пользу. Я видел много людей, гораздо более совершенных нравственно, чем я, и многому научился. Ваш образ-живой дал мне душевную поддержку. Я все более и более убеждаюсь, что спасение человека или смысл моей жизни заключается в том, *чтобы сохранять свое сердце от зла.* Это наша высшая задача — усыновление Богу-отцу.

Я сообщил братьям и сестрам о голоде в России, вероятно они откликнутся хотя небольшой посылкой денег. Мы будем просить Вас определить.

Желаю Вам, Уважаемый Лев Николаевич, со всем семейством и друзьями всех благ от Господа. Остаюсь здоров

Петр Веригин.

who agree to accept British Citizenship and to live and work on the land on an individual basis to register their homesteads afresh. All the rest of the community, including women and children, will only get 15 acres apiece.

Quite a touchy question, isn't it? I wonder what 'devices' the Government will resort to, and how the Doukhobors will react: will they accept Citizenship or prefer to live in an indeterminate situation? Or rather, be in a more determinate position without Citizenship. The Government has cast the die, so to speak; whether it can win or not, only time will tell.

I'm quite satisfied that the Doukhobors have accepted this proposal with quiet equanimity, probably because the majority of them already decided the question of Citizenship about three or four years back — in the negative.

There have been 'whisperings' abroad in the country that such actions by the Government amount to 'dirty tricks'. People have been diligently ploughing and sowing grain, they've been tilling the land in a fairly acceptable manner, and now this land is being taken from them without just cause.

The Doukhobors on the whole are enjoying full health and prosperity.

For me personally the trip was very beneficial. I saw many people who far surpass me in moral perfection, and I have learnt a great deal. Seeing your living example has given me moral support. I am more and more convinced that one's salvation, or the meaning of life, is in this: namely, *to keep one's heart from evil.* This is our highest task — adoption by God the Father.

I have told our brothers and sisters about the hunger in Russia; they will no doubt respond with at least a small contribution of money. We shall leave its disposition up to you.

I wish you, Esteemed Lev Nikolaevich and all your family and friends all blessings from the Lord. I keep healthy,

Peter Verigin.

29. Л. Н. Толстой — П. В. Веригину
10 августа 1907 г. Ясная Поляна.

Любезный Петр Васильевич!

Пожертвованные вашей общиной деньги 10000 рублей на пострадавших от неурожая я старался распределить как мог лучше в Самарской губернии. Помогали мне в этом мои молодые друзья — люди религиозные — Сутковой, Колесниченко и Рябов. Теперь они разъехались, и у меня осталось 2800 рублей нерозданных. 800 рублей, вероятно, будут розданы там же в Самарской губернии теперь, но 2000 останутся, и я бы желал иметь о них указание жертвователей. Нужды везде много, и раздать их можно опять в Самаре, где очень плохой урожай, или здесь, где много нуждающихся безработных. Пожалуйста, ответьте.

Получил известие о том, что ваша община, несмотря на лишение земли, благодаря доброй братской жизни, живет хорошо[1], и очень порадовался подтверждению на деле той истины, что благо людей зависит от них, от исполнения или неисполнения закона Бога. Братски приветствую Вас и всех помнящих меня братьев.

Лев Толстой.

10 авг. 1907.

---

[1] Весной 1907 г. из Канады писали В. А. Макасеев и П. В. Планидин. Их письма сохранились в архиве Толстого, его ответы — Т. 77, С. 109, 111.

29. L. N. Tolstoy to P. V. Verigin
10 August 1907. Yasnaya Polyana.

Most kind Petr Vasil'evich!

I have endeavoured to distribute your community's donation of 10,000 roubles to the famine victims as best I could, in the province of Samara.[1] I was helped in this by my young friends — religious people — Sutkova, Kolesnichenko and Ryabov. They've gone now, and I still have 2,800 roubles left undistributed. Another 800 roubles will probably be given out now in the same Samara province, but that still leaves 2,000, and I would appreciate some guidance from the donors. There is great need everywhere; the money could be given out again in Samara, where the harvest has been extremely poor, or here, where there are many needy unemployed. Please let me know.

I have received word that your community, in spite of being deprived of their land, is coming along well, thanks to their good life of brotherhood,[2] and I am so happy to receive this practical confirmation of the truth that people's well-being depends on them themselves, on their fulfilling or not fulfilling the law of God. I send brotherly greetings to you and all the brethren who remember me.

Leo Tolstoy.

10 Aug. 1907

---

[1] An imperial Russian province on the middle Volga, south-east of Moscow. During the Soviet period the city of Samara was known as Kujbyshev.

[2] V.A. Makaseev and Pavel Planidin wrote from Canada in the spring of 1907. Their letters, along with Tolstoy's replies, have been preserved in the Tolstoy archives (see Tolstoy's *Complete Collected Works*, Vol. 77, pp. 109, 111).

30. П. В. Веригин — Л. Н. Толстому
15 сенктября 1907 г. Отрадное.

V. A. POTAPOFF,
Manager

TRADING STORE OF THE DOUKHOBOR SOCIETY

Dry Goods, Hardware, Groceries, Crockery, Etc.

WHOLESALE AND RETAIL

Verigin, Sask., 15 Сент. — Н. С. — 1907
CAN. NOR. RY.

Уважаемый Лев Николаевич, письмо Ваше от 10‑го Авг. я получил. Очень благодарю Вас за уведомление, что Вы живы и здоровы. Шлю душевный привет Вам, всему семейству и друзьям.

У нас все благополучно слава Богу.

Относительно денег — пожертвованных — я говорил с несколькими братьями — они говорят, что «пусть там поступают (т. е. Вы) как лучше».

Желаю Вам всего хорошего, брат Ваш во Христе

Петр Веригин.

30. P. V. Verigin to L. N. Tolstoy
15 September 1907. Otradnoe.

V. A. POTAPOFF,
Manager

TRADING STORE OF THE DOUKHOBOR SOCIETY

Dry Goods, Hardware, Groceries, Crockery, Etc.

WHOLESALE AND RETAIL

Verigin, Sask., 15 Sept. (new style) 1907
CAN. NOR. RY.

Esteemed Lev Nikolaevich, I received your letter of 10th Aug. I am most grateful to learn that you are alive and well. My heartfelt greetings to you and all your family and friends.

We are all in good health, thank God.

As regards the money — the donation — I spoke with several of the brethren — they say 'they (i.e., you) should do whatever seems best'.

I wish you all good. Your brother in Christ,

Peter Verigin.

31. П. В. Веригин — Л. Н. Толстому
13 июня 1908 г. Отрадное.

OFFICE OF THE
PETER V. VERIGIN
REPRESENTATIVE
OF THE DOUKHOBOR SOCIETY

VERIGIN, SASK. 13 Июня 1908

Канада от
Петра Веригина

Многоуважаемый Лев Николаевич,

Уведомляю Вас, нонешней весной Духоборческая община приторговала в Британш-Колумбии 2700 акров земли для садоводства. Земля недалеко от города Нельсона при слиянии двух рек: Кутни и Колумбии. Особенность местности — здоровый воздух, чистая здоровая вода и довольно мягкий климат, где растет яблок, сливы и в большом и роскошном виде черешня. Берег реки Колумбии. Это одна из красивейших рек, которые я видел. Например, цвет воды равен Женевской реки.

Сейчас там очищают землю под садоводство 90 человек и посажено весной молодых деревьев около 600. Переселение мы думаем совершить постепенно за пять за шесть лет, вследствии того, что здесь у нас много распаханной земли и только что подошло время снимать урожаи хлебов.

На весну намечается еще отправиться человек двести или триста и таким образом на новом месте будет подготовляться почва для жительства и на старом месте хозяйство будет сокращаться до окончательной ликвидации.

Жизнь слава Богу наша благополучна. В прошлом году пшеницу у нас побил мороз, но мы с осени постарались на круглый год и на посев закупить и слава Господу теперь едим чистый хороший хлеб. Виды на урожай нонешнего лета благоприятны и посеяно хлеба довольно много.

С переселением в Колумбию, должна произойти значительная перемена в хозяйственной жизни нашей общины. Основанием должно стать садоводство и огородничество, предполагается устроить молочное хозяйство посредством грядной культуры травосеяния и кормовых овощей.

Имеется в виду приобрести более в теплом месте небольшой участок для бесскотинников.

Шлю Вам и всему семейству душевный привет, Ваш брат во Христе

Петр.

31. P. V. Verigin to L. N. Tolstoy
13 June 1908. Otradnoe.

OFFICE OF THE
PETER V. VERIGIN
REPRESENTATIVE
OF THE DOUKHOBOR SOCIETY

VERIGIN, SASK. 13 June 1908

Canada
from Peter Verigin

Much esteemed Lev Nikolaevich,

I hasten to inform you that this spring the Doukhobor community purchased some 2,700 acres of land in British Columbia for growing fruit trees. The land is not far from the city of Nelson, at the confluence of two rivers — the Kootenay and the Columbia. The place is characterised by fresh air, clean fresh water and a rather mild climate, where we can grow apples, plums, and a delicious and abundant variety of sweet cherries — right on the banks of the Columbia River, which is one of the most beautiful rivers I have ever seen. The colour of the water, for example, is equal to that of the river in Geneva.

At the moment ninety people are clearing the land for fruit-trees and about 600 young trees were planted in the spring. The move will take place gradually over the next five or six years, since we still have a lot of ploughed land here and harvest time has just arrived.

Next spring we are planning to send out another two or three hundred people to prepare the land for habitation, while our farming activities will gradually decrease in the old place until final termination.

We are living well, thank God. Last year our wheat was killed by the frost, but since the autumn we tried to buy enough for the whole year and for the sowing and now, thank God, we are enjoying good, pure bread. The prospects are good for this summer's harvest and a rather large amount of grain has been sown.

The move to B.C. should mean a rather significant change in our community's farming activities. The basic activity should be the growing of fruits and vegetables, but we also propose to set up a dairy industry through controlled cultivation of hay and vegetables for fodder.

We should also like to acquire a small plot of land in a warmer place for those without livestock.

My warmest greetings to you and your whole family. Your brother in Christ,

Peter.

32. П. В. Веригин — Л. Н. Толстому
2 февраля 1909 г. Бриллиант.

OFFICE OF THE
PETER V. VERIGIN
REPRESENTATIVE
OF THE DOUKHOBOR SOCIETY

VERIGIN, SASK. 2го Фев. 1909

Льву Николаевичу Толстому.
Петр Веригин.

Душевно уважаемый Лев Николаевич, уведомляю Вас о радости нашей общины. Недавно мы приобрели немного земли в Колумбии для пробы под садоводство. Я уже кажется извещал Вас об этом. Но дело в том, что люди, которые здесь проживают вот почти год, — очень удовлетворены местностью. А это и важно, чтобы человек в жизни своей хоть чем да либо должен быть доволен. От искреннего довольства и совершается истинная молитва от нас к Отцу нашему Небесному.

Я приехал в Колумбию в четвертый раз. Прошлое лето бывал по делам, сейчас нарочито увидеть и понаблюдать зиму. Замечательно мягкий и полезный для здоровья климат. Я много раз разговаривал со своими братьями и сестрами здесь, все желают Вас просить приехать к нам на побывку, а может и совсем прожить здесь на спокое Ваши дорогие дни. Я высказываю это положительно искренно, потому что вполне уверен, Вам было бы очень радостно пожить в среде Духоборцев. В особенности за последнее время Духоборцы все более и более приближаются своим поведением и разумением к Царствию Божию на Земле. Что, может, до Вас доходят слухи, что многие из Духоборцев отпадают от общинной жизни — это нисколько не мешает остальным или даже выходящим быть добрыми людьми-Христианами. Недавно нами принята вера: «Сохранять свое сердце от зла». Надо откровенно сказать, эту — давно уже основную — заповедь предложил я, но все Духоборцы как бы содрогнулись и как электрический ток прошел чрез каждого человека и он ставит себе вопрос: что же ему делать с этих пор? Так как все бывшие обрядности — хотя и небольшие, отменяются, а всего только и надо исполнить: «Сохранить свое сердце от зла». Я понимаю это в простом обыденном смысле, чтобы, посредством разума в человеке, не допускать своего сердца до волнения; от малейшей потери равновесия,

32. P. V. Verigin to L. N. Tolstoy
2 February 1909. Brilliant.

OFFICE OF THE
PETER V. VERIGIN
REPRESENTATIVE
OF THE DOUKHOBOR SOCIETY

VERIGIN, SASK. 2nd Feb. 1909

To Lev Nikolaevich Tolstoy.
[from] Peter Verigin.

Deeply esteemed Lev Nikolaevich, I hasten to inform you of our community's joy. We recently acquired a bit of land in [British] Columbia to experiment with growing fruit-trees. It seems I have already told you about that. But it turns out that the people who have been living there almost a year now are extremely happy with the place. And it is important that a person should be happy with at least something in life. True happiness leads to true prayer on our part to our Heavenly Father.
This is now my fourth visit to B.C.. I was out here on business last summer, but this time I came expressly to see and observe the winter. The climate is remarkably mild and healthful. I have had many conversations with my brothers and sisters here, and they all want me to ask you to come and stay with us, perhaps to live out the remaining of your precious days here in peace. I say this in all sincerity, because I am quite certain that you would be very happy living among the Doukhobors. Especially in the past while the Doukhobors have been drawing closer and closer in their behaviour and understanding to the Kingdom of God on Earth. Maybe you have heard rumours that many of the Doukhobors are falling away from the community life — but this in no way stops the rest — or even the ones departing — from being good Christian people. Recently we adopted the motto: *Keep your heart from evil.* I cannot deny that I was the one who proposed this now (for a long time) fundamental tenet, but it was as if an electric shock-wave had gone through each of the Doukhobors, and each one asked himself the question: What am I to do from now on? Since all the former rituals, even the little ones, are changing, the only thing we have to observe is: *Keep your heart from evil.* I understand this in its simplest everyday sense, namely, use your mind to keep your heart from getting agitated; at the least loss of equanimity — our basic human characteristic: being calm — the

нашего человеческого основного свойства — быть покойным, кровь волнуется и дальнейшее уже известно каждому. Я думаю, что и все церкви основаны человечеством, чтобы достигать этой цели — быть хотя немногое время в спокойствии. В какой бы то не было церкви не принято сердиться и буйствовать. А так как в Духоборцах давно отменено строить храмы, чтобы молиться, теперь мы и пришли к безвыходному препятствию: как же войти в Царствие Божие не молясь? По искреннем исследовании учения Христа делается ясно, что Христос проповедывал основную заповедь: Милосердия. И вероятно не такое милосердие, что в неделю раз сходить в церковь и час или два побыть милосердным, а остальное время совершенно служить злому умыслу. Это делалось часто и с Духоборцами. Теперь ничего не надо делать. — Даже твердить и читать посолмы, о которых Вы так похвально относились в разговоре с Павлушей Планидиным. (Он мне рассказывал.)[1] А если желаешь быть Духоборцем, только всего и надо: сохранить свое сердце от зла. Где бы человек не был, в церкви ли или идет за плугом, условие одинаково.

А также сообщаю Вам душевную радость и о себе. Я очень стал добрее сердцем. Испытываю-чувствую: это наивысшая степень радости и благородства на земле для человека. В Ваших сочинениях, Дорогой Лев Николаевич, Вы часто говорите, что цели на Земле у человека нет и не может быть. Я думаю-чувствую, что сохранение себя от зла можно поставить целью и эта цель достижима, и получается наивысшее полное человеческое удовлетворение, потому что это приближает меня к Божественной истине. Я понимаю о Христе — он только чрез Милосердие и соединился с Отцом нашим общим. — Созидающая сила — Милосердна. — Зло разрушает где бы то не было. Человек по природе должен быть благим — это можно поставить целью, и будет хорошо и истинно.

Желаю Вам и всему Вашему семейству всех благ от Господа, любящий Вас брат во Христе

П. Веригин.

Сейчас мой адрес:
P. Verigin.
Brilliant, B. C.
Canada.

---

[1] П. В. Планидин был в Ясной Поляне в декабре 1906 г. (см. *письмо 25*) и однажды сопровождал Толстого во время его прогулки. Д. П. Маковицкий записал в дневнике 9 декабря: «В 5.10 Планидин возвратился и удивлялся, как старик ходит: устал с ним».

blood starts rushing and everyone knows the rest of the story. I think that all the churches in the world might have been founded by mankind to attain this goal — to be at peace for at least a little while. There is no church where anger and violence are accepted as being right. And since the building of temples to pray in has long been abolished by the Doukhobors, we are now faced with an insurmountable barrier: how to get into the Kingdom of God without praying? A sincere investigation of Christ's teachings makes it clear that Christ preached a fundamental commandment: Mercy. Probably not the kind of mercy that consists in going to church once a week and being merciful for an hour or two, then devoting one's self completely to evil intents the rest of the time. The Doukhobors used to do that often. Now there is nothing to be done — even reciting or reading the psalms you were so enthusiastic about in your conversation with Pavel Planidin. (He told me about that.[1]) But if you want to be a Doukhobor, there's only one thing necessary: keep your heart from evil. Wherever a person may be, whether in church or marching behind a plough, the requirement is the same.

I also want to share with you some spiritual joy about myself. I have become kinder of heart. I feel this is the highest degree of joy and virtue man can experience on earth. In your writings you often say that man has not and cannot have a purpose on earth. I think, I feel, that keeping one's self from evil can constitute a purpose and that this purpose is achievable, offering the highest complete human satisfaction, since it draws me toward Divine truth. From what I understand of Christ, it is only through Mercy that he too became one with our common Father. — The creative power is Mercy. — Evil is destructive wherever it appears. By nature man must be good — we can set this as a goal for ourselves, and it will be good and true.

I wish you and your whole family all good from the Lord. Your loving brother in Christ,

P. Verigin.

My address is now:
P. Verigin.
Brilliant, B.C.
Canada.

---

[1] Pavel Planidin visited Yasnaya Polyana in December 1906 (see Letter No 25) and once accompanied Tolstoy on his daily walk. Dr Makovitskij noted in his diary for 9 December: 'At 5.10 Planidin marvelled how the old man could walk: he got tired [keeping up] with him.'

33. Л. Н. Толстой — П. В. Веригину
18 марта 1909 г. Ясная Поляна.

Ясная Поляна. 18 марта 1909.

Рад был получить известие от Вас, милый Петр Васильевич, и известие хорошее. Вашему решению освободиться от всяких внешних форм богопочитания, заменив их делами жизни, я в высшей степени сочувствую. Но думаю, что решение это, для того чтобы оно было твердо, должно вытекать из сознания каждого отдельного человека. Я не утверждаю, чтобы это было неоспоримо справедливо, но таково мое мнение, основанное на моем личном опыте. Твердо у меня было только то, что я добывал своим внутренним трудом.

Не оставляйте меня, пожалуйста, сведениями о Вас и вашей общине, о последствиях вашего намерения переселения и прочее.

Любящий Вас Лев Толстой.

P. S. Извините, что долго не отвечал, последнее время все хвораю.

В архиве Толстого сохранилась лишь машинописная копия, без подписи. Подписанный экземпляр был отправлен Веригину (неизвестен).

33. L. N. Tolstoy to P. V. Verigin
18 March 1909. Yasnaya Polyana.

Yasnaya Polyana. 18 March 1909.

I was happy to receive news of you, dear Petr Vasil'evich, and good news at that. I have the highest sympathy for your decision to free yourselves from all outward forms of worship, replacing them with works of life. But I think that such a decision, if it is to be a lasting one, must flow from the consciousness of each individual. I am not saying that this is unquestionably right, but it is my opinion based on my personal experience. I have only found that to be lasting which I have attained through my own inner struggles.

Please do keep sending me details about you and your community, about the results of your decision to move, and so forth.

Lovingly, Leo Tolstoy.

P.S. Forgive me for not writing sooner, but I have been constantly ill the past while.

Only an unsigned typewritten copy of this letter has been preserved in the Tolstoy archives. The whereabouts of the signed copy sent to Verigin are unknown.

34. П. В. Веригин — Л. Н. Толстому
3 мая 1909 г. Бриллиант.

OFFICE OF THE
PETER V. VERIGIN
REPRESENTATIVE
OF THE DOUKHOBOR SOCIETY

Brilliant, B. C.

VERIGIN, SASK. 3 мая. 1909

«Долина Утешения».

Получил Ваше дорогое для меня письмо, любезный Лев Николаевич. Дорогое оно для меня потому, что в немногих словах Вашего письма высказывается искренность души. Это-то и составляет сущность пользы во всех отношениях людей.

Я много раз замечал за собой, когда я пишу или разговариваю от искренности разумения, то тогда только польза как для меня, а также и для слушающего.

Надо Вам объяснить, что замена обрядности незлобивостью сердца предложена в нашем обществе мною, и только я говорю и высказываю это за себя, так всем Духоборцам я говорю. Я для себя ставлю необходимостью воздерживаться от зла — обязательно, а все остальное, хотя бы и полезное дело, можно делать и можно не делать. Делаться же благим обязательно я должен.

Все же остальные люди в нашем обществе свободны держаться, кто желает, своих старых правил.

Я и сам сейчас часто бываю на собраниях, где читают псалмы и поют. Но эти собрания теперь принимают более свободную форму, а не обязательную, как прежде.

Теперь я задался целью, чтобы освободиться от чувства властвовать, а это возможно, когда я освобожусь от зла.

Посадка садов на новом месте у нас почти закончилась. Посадили крупного сорта деревьев: яблок, слив, черешни, груш, персиков, около пятнадцати тысяч штук, и много мелкого кустарника, 6000 лозок винограду.

Для первого года начало сделано хорошее, слава Богу.

Очень жалко, что Вы все хвораете. Я искренно желал бы побывать еще у Вас — даже пожить хотя две-три недели вблизу Вашего дома в Ясной.

34. P. V. Verigin to L. N. Tolstoy
3 May 1909. Brilliant.

OFFICE OF THE
PETER V. VERIGIN
REPRESENTATIVE
OF THE DOUKHOBOR SOCIETY

Brilliant, B.C.

VERIGIN, SASK. 3 May 1909

'Dolina Utesheniya'.[1]

The letter I received from you, kind Lev Nikolaevich, was precious to me. It was precious because the few words of your letter expressed the sincerity of your heart. This is indeed the essence of its benefit for others in every respect.

I have noticed many times with myself, when I am writing or conversing from the sincerity of my understanding, only then is it beneficial either for me or for my listener.

I should explain to you that I was the one in our community who proposed exchanging ritualism for contriteness of heart. I can only say and express this for myself, and that's how I put it to all the Doukhobors. The only compulsory rule I make for myself is to keep myself from evil; everything else, even though useful, I may or may not do. But to make myself a better person is for me a must.

All the rest of the people in our community are free to observe their old rules, if they wish.

I myself often attend meetings where they read psalms and sing. But these meetings have now taken on a freer form, rather than a strict one, as before.

I have now made it a goal to free myself from the desire for power, and that is possible when I free myself from evil.

We have almost finished planting the orchards at our new place. We have planted basic types of trees: apple, plum, sweet-cherry, pear, peach, about fifteen thousand altogether, also lots of small bushes, and 6,000 grape vines.

We've made a good beginning for our first year, thank God.

I am very sorry to hear that you are continuing ill. I really wanted to come and see you once more — even to spend two or three weeks near your home at Yasnaya.

Если приведется видеться, пожалуйста передайте поклон старушке, у которой мы квартировали. Она очень обиделась, что я ей мало заплатил за квартиру. Еще если буду в Ясной, то доплачу.

Привет всему Вашему семейству. Душевно уважающий Вас

П. Веригин.

Brilliant, B. C.
Canada.

OFFICE OF THE
PETER V. VERIGIN
REPRESENTATIVE
OF THE DOUKHOBOR SOCIETY

Первая страница письма П.В. Веригина к Л. Н Толстому, 3.V.1909 г.
First page of Verigin's letter to Tolstoy, 3 May 1909

If you should happen to run into her, please give my regards to the elderly lady whose house we roomed at. She was quite annoyed that I paid her so little for the flat. If I come to Yasnaya again, I'll make it up to her.

Greetings to your whole family. With deep respect,

P. Verigin.

Brilliant, B.C.,
Canada.

---

[1] *Dolina Utesheniya* — lit. 'Valley of Consolation' — the name given by the Doukhobors to their new settlement in British Columbia.

Конверт письма П. В. Веригина от 3 мая 1909 г., заштемпелеванный в селе Бриллианте (в Британской Колумбии)
Envelope for Verigin's letter of 3.V.1909, postmarked in Brilliant (B.C.), addressed to Tolstoy in Yasenki (Yasnaya Polyana)

35. П. В. Веригин — Л. Н. Толстому
26 сентября 1909 г. Отрадное.

P. Verigin
Verigin, Sask.
Canada.

26 Сент. 09 г.
Село «Отрадное»

Льву Николаевичу Толстому

Петр Веригин.

Уважаемый Лев Николаевич, собрался написать Вам несколько строк о текущей нашей жизни.

Сегодня Воскресенье: Христос Воскрес! В нонешнем году у нас большое благополучие во всей жизни: как в материальном хозяйстве, а также и в Духовном. Люди нашего общества сознательно стали относиться к своему положению. Удивительно, как Бог может постепенно приводить человека к сознанию о окружающей природе и к усыновлению вечных законов духовного разумения. Это я наблюдаю над Духоборцами и чувствую в самом себе.

Начиная с Кавказа, там они усваивали материальные поступки хороших дел. Как отказ от воинской повинности, оставление употребления вина, оставление табакокурения и убийства животных. Это все хорошие дела, но все они касаются телесной нравственности. Теперь мы подходим к тому, что должны совершенствовать свои и душевные разумения. По истине! дивно Господь устроил вселенную и ввел в мир человека в постепенном его совершенствовании.

Очень обильный на все у нас урожай в Саскачеване, т. е. здесь, где мы занялись хлебосеянием. А также начало жизни в Колумбии в очень хорошем виде. Желать лучшего от Господа никак нельзя, а только надо приносить хвалу и благодарение за пройденный 30-тилетний путь нашей недавней жизни. Слава Господу и благодарение всем добрым людям.

Прилагаю свое письмо к нашему обществу. Это как образчик моего обращения к Духоборцам, если у меня есть что-либо сказать им.

Урожай обозначился, около 500 000 бушелев овса, тысяч сто пшеницы и около ста тысяч ячменя.

Пшеницу мы сеем в небольшом количестве, потому что предшествовавшие два года побивал мороз и мы решили сеять только для собственной потребности. Овес и ячмень за исключением своей потребности — годовой — пойдут к продаже. Ожидается от заработков этого лета около 150 000 долларов. — Печально, что до сих пор мы не можем обходиться без отхожих заработков. — А

35. P. V. Verigin to L. N. Tolstoy
26 September 1909. Otradnoe.

P. Verigin
Verigin, Sask.
Canada.

26 Sept. '09.
Village of 'Otradnoe'

To Lev Nikolaevich Tolstoy
[from] Peter Verigin.

Esteemed Lev Nikolaevich, I have been meaning to write you a few lines about things going on in our life.

Today is Sunday: Christ is Risen![1] This year our whole life shows great prosperity, both in our material and Spiritual affairs. People in our community have begun to consciously relate to their situation. It is amazing how God can gradually bring people to the consciousness of nature around them as well as to the adoption of the eternal laws of spiritual understanding. I have observed this in the Doukhobors and feel it in myself.

Beginning in the Caucasus, it was there they learnt to perform good deeds in terms of physical actions, such as rejection of military service and abstention from wine, smoking and the killing of animals. Those are all good deeds, but they are all concerned with corporeal morality. Now we come to the awareness of the need to strive to perfect our spiritual understanding as well. God has truly done a marvellous job of arranging the universe and putting man into the world to gradually strive for perfection!

We have had an abundant harvest of everything here in Saskatchewan, where we have been growing grain. And our life in B.C. is off to a good start too. We could not ask anything more of the Lord, and we can only offer praise and thanksgiving for the course our life has taken over the past thirty years. Glory to God and thanksgiving to all good people.

I am sending along my letter to our community. This is an example of how I communicate with the Doukhobors, whenever I have something to say to them.

The results of the harvest are in: around 500,000 bushels of oats, a hundred thousand or so of wheat and around a hundred thousand of barley.

We don't sow too much wheat, since the last two years it was killed by the frost and we decided to sow only for our own needs. The oats and barley, except for our own needs — for the year — we sell. Our earnings from this summer are expected to be around 150,000 dollars. — It is too bad that so far we haven't been able to get by without additional earnings. — And now there's the move on top of that. But it is all turning out for the better, thank God!

тут еще «поддвинулось» опять же переселение. Но это все к лучшему — слава Господу!

Пшеница в этом лете уродила чрезмерно хорошая, но мы не жалеем, что мало было посеяно, потому что овес дает с площади земли не меньше сбора-прибыли, чем самая лучшая пшеница. Например: на акре земли вырастает 25 бушелев пшеницы по 70 центов за бушель, 17-50. Овса созревает 80 бушелев по 28 — 20-40, и кроме того, овес созревает наверняка, а пшеница в этой местности страдает часто.

Переселение в Колумбию имеет важное значение в том, что нам потребуется в несколько раз меньше земли под садоводство и огородничество, чем здесь в прериях. Под абсолютное хлебопашество и скотоводство мы было заняли слишком 300 000 акров, теперь же думаем в Колумбии, если иметь 15 000 акров годной для садоводства и огородничества, то это чрезмерное количество. Тем более мы «замышляем» иметь садоводство и огородничество насколько возможно в лучшей обстановке. 7000 акров уже приторговано хорошей земли качеством: под садоводство, огородничество и луговая. Хорошо ведутся пчелы. Мы в эту осень уже имеем хороший душистый мед — домашний. Только в небольшом размере. Удивительные люди — англичане: в тысячамильном круге мы нашли только 20 ульев пчел, которых и купили для завода. Роились хорошо.

Могу сказать Вам, уважаемый Лев Николаевич, Духоборцы в своем опыте, искании истины, представляют особенный пример, заслуживающий серьезного внимания. Достаточно сказать, за десять лет жизни в Канаде и в начале довольно в бедственном положении, не было серьезной ссоры, переходящей в драку, как это бывает сплошь и рядом в русских деревнях. Или еще более разительное явление: ни одного пожара в сорока селах. Многие дома и овины крыты очеретом. Это я приписываю более трезвой жизни и некурению табаку, причем человек, закуривая «цыгарку», часто бросает не догоревшую спичку куда попало. А сколько малышей, прячась от старших с курением, поджигают солому, отчего выгорают цельные поселки, в русской жизни. А мы ведь простые русские мужички. Но Господь вывел нас на свет разумения. Слава и Вам, дорогой Лев Николаевич, что Вы указываете людям вред употребления водки и табакокурения.

Садоводство в Колумбии мы намечаем иметь под хорошим орошением скрытой в земле трубовой системой с кранами. Около 30 000 фут представлено различных труб для закладки в эту осень.

Через пять-шесть лет, если будем в благополучии, я предполагаю часть Духоборцев должна переселиться в Россию. Обладая таким полезным опытом, они будут там дороги.

Целую Вас с любовью и желаю всех благ от Господа.

Ваш П. Веригин.

This summer the wheat has done exceedingly well, but we do not regret having sown so little of it, since per acre oats have proved to be no less profitable than the very best wheat. For example, on an acre of land we can grow twenty-five bushels of wheat [selling] at 70 cents a bushel — $17.50, while oats yields eighty bushels at 28 cents — $20.40 [sic], and besides, the oats are a sure crop, while wheat quite often fails in these parts.

The move to B.C. is significant as it means we will require several times less acreage for fruit- and vegetable-growing than here on the prairies. When we did nothing but grow grain and raise cattle we were using more than 300,000 acres, while at the moment, it looks like if we have 15,000 acres in B.C. suitable for fruit- and vegetable-growing it will be more than enough. So we are thinking more about growing fruits and vegetables under the best conditions possible. We have already managed to purchase 7,000 acres of good-quality land, for orchards, vegetable gardens and meadow-lands. Bees do well [out there]. This autumn we already have good, sweet-scented honey — home-made. Only in small quantities. Amazing people, the English: for a thousand miles around we managed to find only twenty beehives, which we bought to get started. The swarming has been good.

I can tell you, esteemed Lev Nikolaevich, that the Doukhobors in their experience of seeking the truth are a unique example meriting serious attention. Suffice it to say that over the past ten years of living in Canada — under rather dreadful conditions, to start with — there haven't been any serious quarrels leading to violence, as happens all the time in Russian villages. Or another remarkable phenomenon: in our forty villages there has not been a single fire. Many houses and barns are roofed over with bog-rushes. I put this down to a more sober life-style and abstinence from tobacco; it often happens that someone will light a cigarette and toss the burning match away just anywhere. And how many kids hide from their elders to have a smoke and set the thatch on fire. In Russia whole villages have burnt down that way. And we are but simple Russian peasants. But the Lord has led us into the light of understanding. Praise be to you too, dear Lev Nikolaevich, for showing people the harm that comes from smoking and vodka.

We are planning on installing an underground system of tubes and taps to provide good irrigation for our orchards in B.C. About 30,000 feet of various sizes of tubing have been delivered for installation this autumn.

If all goes well, in five or six years I imagine some of the Doukhobors ought to be moving back to Russia. With such useful experience they should be quite valuable there.

I embrace you in love and wish you all blessings from the Lord.

Yours, P. Verigin.

---

[1]The Russian word for 'Sunday' (*voskresen'e*) is taken from the word for 'resurrection'.

Христианская Община

Всемирного Братства

Духоборцы в Канаде

24 Сентября 1909 г.
Письмо ко Христовой общине
Всемирного Братства
от Петра Веригина.

Слава Господу.

1е, Уведомляю Вас, Братья и Сестры, я прибыл на проведку вашей здесь жизни, и все братья и сестры, живущие в Долине утешения, просили меня передать вам их душевные приветы. У нас в Долине утешения в начинаемой жизни во всем благополучно, слава Господу.

2е, 20го числа сего месяца, как известно вам, у нас был съезд в селе Отрадном. На съезде первым делом был дан отчет о расходах на переселения в Колумбию. Второе было решено, чтобы за эту осень все селы расчитались со своими заборами, потому что обязательно надо расчитаться с долгами нашими в Виннипег и другие города. Третий вопрос был поставлен о новых предстоящих расходах по переселению и потому положили раскладку по сто долларов с человека с заработных приходов в каждом селе.

3е, Хотя на съезде я предъявил, что о продаже хлеба каждое село должно позаботиться без моего участия, но в виду того что цены объявляются элеваторщиками очень низкие — я достоверно узнал, что в Каноре принимают в элеваторы по 23 цента бушель за овес, а в Камсяке по 24 цента — я решил предложить вам весь овес за эту осень мы будем отправлять в Порт-Артур на тамошние цены. Сейчас в Порт-Артуре по 35 центов овес 2й номер, провоз стоит 6 центов, остается 29 центов, даже если будут и еще какие расходы через свою отправку, то останется не менее 28 центов за бушель, и сравнить с 23 и 24мя центами большая разница. Я приглашаю всех желающих сейчас возить кому куда ближе и нагружать в вагоны для отправки в Порт-Артур. А кто может продать не ниже 28 центов тут на месте, то предоставляется полная свобода.

По отправке хлеба назначаются Миша Казаков и Сема Рыбин. К ним обращаться и за постановкой вагонов.

Christian Community
of Universal Brotherhood

The Doukhobors in Canada

24 September 1909
Letter to the Christian Community
of Universal Brotherhood
from Peter Verigin.

Glory to the Lord.

1. I hasten to inform you, Brothers and Sisters, that I have come here to see how your life is getting on, and all the brothers and sisters living in Dolina Utesheniya have asked me to give you their heartfelt greetings. Life here in Dolina Utesheniya has got off to a good start in all respects, thank the Lord.

2. As you know, on the 20th of this month we held a conference in the village of Otradnoe. The first item on the agenda was an account of the expenses involved in the move to B.C. Secondly it was decided that all the villages should pay off their debts, since we must settle our debts in Winnipeg and other cities. Thirdly, the question was raised about new expenses anticipated in connection with the move, as a result of which it was decided to collect one hundred dollars from each wage-earner in every village.

3. I did propose at the conference that the villages should take care of its own grain sales individually, without my participation. However, in view of the rather low prices offered by the elevator operators — I found out for certain that the Canora elevators are allowing only 23 cents a bushel for oats, and 24 cents in Kamsack — I have decided to recommend that we all ship our oats this fall to Port Arthur[1] [and sell] at their prices. Port Arthur is now offering 35 cents a bushel for No 2 oats; with freight charges at 6 cents, that gives us 29 cents, and even if there are some extra shipping costs involved, we still get at least 28 cents a bushel, a big difference compared with 23 or 24 cents. All those willing I invite to take their oats to the nearest depot and load the hopper-cars for shipment to Port Arthur. Anyone who can sell for at least 28 cents a bushel here on the spot is free to do so.

Misha Kazakov and Sëma Rybin are in charge of shipping. They are the ones to see about hopper-car assignments.

Всех ближайших сел к нашей Станции я приглашаю возить овес в элеватор, а из элеватора уже будут насыпаться вагоны.

4е, Покупка товаров у нас на время прекратилась и как только все селы расплотятся с старыми заборами, я приглашу съезд изо всех сел, посоветуемся и назначим новых людей для закупки и доставки товаров, так как Вася Потапов и Сема Рыбин отпрашиваются смениться. И я думаю товаров доставить можно скоро и мы все по милости Божией будем обуты и одеты. Слава Господу за хорошие урожаи на все и заработки в этом году.

5е, Предлагаю, братья и сестры, покладать искренние заботы о переселении. С этих пор тут не надо заводить лишних справок, так как на переселение потребуются большие расходы. В настоящее время по устройству жизни в Колумбии у нас все благополучно. Садики принимаются хорошо, и я забочусь, чтобы все было в хорошем порядке.

6е, Принц-Альбертских братьев и сестер села Богданова и Кирилова прошу всю лишнию пшеницу задержать для нас для снабжения в Колумбии. Раскладку по сто долларов я советую селу Богданову и Кирилову взнести из заработков этого лета, а за пшеницу мы заплотим деньги. Тогда будет правильней.

7е, Мы предполагаем в скором времени пустить большую мельницу в работу и кто желает смолоть себе белой муки, то можно. Кроме того каждое село по своему желанию, только не менее ста бушелев хорошей пшеницы доставить в элеватор на мельнице. От этого сбора предназначается намолоть белой муки в Колумбию, а часть необходима на потребности по общинным хозяйствам.

Будут также делаться крупы из овса, кто желает можете привозить. Для Колумбии наделать круп предполагаем из овса общинного урожая.

8е, Предупреждаю иметь в виду, что будет отправка в Долину утешения вагон разных овощей, бураков, луку, хмелю, гороху. Картофелю не надо, уродила там своя, слава Господу.

9е, Сейчас же кому подходно надо возить овес в элеватор на Станцию, будут принимать за точным весом от каждого села. А остальные селы, как узнаете где поставлены вагоны, в скором времени начинайте грузить. Чтобы не опоздать на пароходы в Порт-Артуре. Овес должен быть чистый, для самих же себя, чтобы прошел за хорошую цену.

10е, Очень прошу эту осень расчитаться за долги во чистую, потому что мы делаем в нашей Конторе подсчеты к переселению в Колумбию и перемене братьев, находившихся до сих пор в наших конторах.

I invite all the villages closest to our Station to bring their oats to the elevator; the cars will be loaded from there.

4. We have temporarily stopped all purchases of goods; as soon as all the villages have paid off their old debts, I shall ask all villages to come to a conference for consultation and the appointment of new people to look after the purchase and delivery of goods, since Vasya Potapov and Sema Rybin have asked to be relieved. And I think we shall be able to deliver [new] goods soon and we shall all be clothed and shod through the grace of God. Praise the Lord for good harvests in everything and our earnings this year.

5. I suggest, Brothers and Sisters, that you give your sincere attention to the move. This is not the time to raise extraneous issues, since a lot of expenses will be involved in the move. At the moment everything is going well for us in setting things up in B.C. The little gardens are coming along nicely, and I shall make sure everything is in good order.

6. I would ask the brothers and sisters of the Bogdanovo and Kirilovo villages in the Prince Albert area to hold back any extra wheat they may have to supply our needs in B.C. I suggest they contribute the hundred-dollar levy from this summer's income, and we will pay them for the wheat. It will be fairer that way.

7. We hope to have a large flour-mill in operation shortly, and anyone wanting to grind white flour for themselves may do so. In addition, any village that wishes to can bring at least a hundred bushels of fine wheat to the elevator at the mill, which will be used to grind white flour to take out to B.C.; part of it will be required for community needs.

Anyone who wishes can also bring oats for making oatmeal. We plan to make oatmeal for B.C. out of the community harvest oats.

8. I would like to remind you that a carload of various vegetables, beetroot, onions, hops and peas, is being sent to Dolina Utesheniya. They don't need any potatoes, as they have managed to grow their own there, thank the Lord.

9. All those who can should take their oats now to the elevator at the Station, where each village's shipment will be weighed precisely. The other villages should start loading very shortly, as soon as you know where the cars are assigned, so as not to miss the boats at Port Arthur. The oats should be clean, as if you were going to use them yourselves, so that they can fetch a good price.

10. I strongly urge you to pay off all your debts this autumn, since our Office is preparing our accounts for the move to B.C. and replacing the brothers who have been working in our offices up to now.

От полной души благодарю и славлю Господа за нашу текущую жизнь и благополучие, и вас, все братья и сестры, призываю к славе о Господе.

Любящий вас брат во Христе

Петр.

Христіанская Община Всемірнаго Братства.

Духоборцы въ Канадѣ.   24 Сентября 1909 г.

Письмо ко Христовой общинѣ
Всемірнаго Братства
от Петра Веригина.

Слава Господу.

1е, Увѣдомляю Вас, Братья и Сестры, я прибыл на провѣдку вашей здѣсь жизни, и всѣ братья и сестры, живущія в Долинѣ утѣшенія, просили меня передать вам их душевныя привѣты. У нас в Долинѣ утѣшенія в начинаемой жизни во всем благополучно, слава Господу.

2е, 20го числа сего мѣсяца, как извѣстно вам, у нас был съѣзд в селѣ Отрадном. На съѣздѣ первым дѣлом был дан отчет о расходах на переселенія в Колумбію. Второе было рѣшено, чтобы за эту осень всѣ селы расчитались со своими заборами, потому что обязательно надо расчитаться с долгами нашими в Виннипег и другія города. Третій вопрос был поставлен о новых предстоящих расходах по переселенію и потому положили раскладку по сто долларов с человѣка с заработных приходов в каждом селѣ.

3е, Хотя на съѣздѣ я предъявил, что о продаже хлѣба каждое село должно позаботиться без моего участія, но в виду того что цѣны объявляются элеваторщиками очень низкія. Я достовѣрно узнал, что в Канорѣ принимают в элеваторы по 23 цента бушель за овес, а в Камсякѣ по 24 цента. Я рѣшил предложить вам весь овес за эту осень мы будем отправлять в

Первая и последняя страницы письма П. В. Веригина
к духоборческой общине от 24 сентября 1909 г.

With my whole heart I praise and thank the Lord for our current life and well-being, and I call upon all of you as brothers and sisters to praise the Lord as well.
Your loving brother in Christ,

Peter.

---

[1]*Port Arthur* — a grain-port on Lake Superior which in 1970 amalgamated with the city of Fort William and two smaller townships to form the city of Thunder Bay. Canora and Kamsack are small prairie towns on the CN railway line in central Saskatchewan.

-4-.

10е. Очень прошу за эту осень расчитаться за долги во чистую, потому что мы дѣлаем в нашей Конторѣ подсчеты к переселенію в Колумбію и перемѣнѣ братьев, находившихся до сих пор в наших конторах.

От полной души благодарю и славлю Господа за нашу текущую жизнь и благополучіе, и вас, всѣ братья и сестры, призываю к славѣ о Господѣ.

Любящій вас брат во Христѣ:

П е т р.

First and last pages of Verigin's letter to the Doukhobor community of 24 September 1909

36. Л. Н. Толстой — П. В. Веригину
4 октября 1909 г. Ясная Поляна.

4-го октября 09 г.

Благодарю Вас, любезный брат Петр, за Ваше письмо и за радостные известия о наших братьях, особенно о том духовном совершенствовании, о котором Вы пишете. Благо жизни нашей только в душе, в ее приближении к Богу. Вещественные же заботы большею частью только отводят от внутренней работы души. Помогай Вам Бог с братьями успевать в том, что «единое на потребу»[1]. Передайте мою любовь братьям и сожаление мое о том, что вещественно разлучен с ними и с Вами. Желаю же быть в душевном общении. Посылаю Вам несколько книг. Желал бы, чтобы они были одобрены братьями.

Любящий Вас Лев Толстой.

---
[1] См.: Евангелие от Луки, 10:42.

36. L. N. Tolstoy to P. V. Verigin
4 October 1909. Yasnaya Polyana.

4th October '09.

I thank you, kind brother Peter, for your letter and joyful news of your brethren, especially about the striving for spiritual perfection you wrote about. Whatever good there is in our life is found in the soul, in its drawing nearer to God. Concern over physical things for the most part only detracts from the inner workings of the soul. May God help you and the brethren succeed in the 'one thing [that] is needful'.[1] Give my love to the brethren, along with my regret that I am physically separated from them and from you. I am sending you several books. I would like them to be approved by the brethren.

Lovingly, Leo Tolstoy.

---

[1] See St Luke's Gospel 10:42.

37. П. В. Веригин — Л. Н. Толстому
4 февраля 1910 г. Отрадное.

OFFICE OF THE
PETER V. VERIGIN
REPRESENTATIVE
OF THE DOUKHOBOR SOCIETY

VERIGIN, SASK. 4 Февр. 1910

Льву Николаевичу
Толстому

Петр Веригин.

Уважаемый Лев Николаевич, давно я получил Ваше письмо, и только собрался написать Вам.

Присылаю вам отчет о бывшем съезде нашей общины.

Прошлое лето мы имели хороший урожай на все. Всех хлебов собрали миллион бушелев. Овощей также вволю.

Зима проходит сейчас благоприятная и теплая.

Общинная жизнь идет хорошо, слава Господу. Я скоро поеду в Колумбию для посадки садов.

Желаю вам — всему семейству и друзьям, всех благ от Господа.
Любящий Вас

П. Веригин.

Здоров.

37. P. V. Verigin to L. N. Tolstoy
4 February 1910. Otradnoe.

OFFICE OF THE
PETER V. VERIGIN
REPRESENTATIVE
OF THE DOUKHOBOR SOCIETY

VERIGIN, SASK. 4 Feb. 1910

To Lev Nikolaevich
Tolstoy

[from] Peter Verigin.

Esteemed Lev Nikolaevich, I received your letter some time ago and am only now getting around to a reply.

I am sending you an account of our community's last conference.

Last summer we had a good harvest of everything. We collected a million bushels of grain all told. Vegetables were also in abundance.

We are having a nice, warm winter.

The community life is coming along well, thank the Lord. I shall soon be going to B.C. for the garden planting.

I wish you and all your family and friends all blessings from the Lord.

Lovingly,

P. Verigin.

I am keeping healthy.

38. П. В. Веригин — Л. Н. Толстому
15-17 мая 1910 г. Отрадное.

Канада
P. Verigin
Verigin, Sask.
Canada.

15 Мая 1910 г.
Село «Отрадное»

Льву Николаевичу
Толстому

Петр Веригин.

Попросите прочитать Вам
кого-либо из молодых.

Уважаемый Лев Николаевич, хотя через долгое время, но все--таки не утерпел, чтобы не написать Вам свое приветствие.

Вам теперь необходимо спокойствие и потому чем меньше Вам писать, тем лучше.

Я недавно возвратился из Колумбии. Там до первого мая посадку садов закончили. Также и здесь, в Саскачеване, сев хлебов окончен совсем. Тут высеваем больше овса, так как пшеницу иногда побивает мороз. Посеено больше прошлогоднего.

Все у нас благополучно, слава Господу. Недавно я думал о возможности бессмертия человека.

Бессмертие вполне возможно, если человек сам пожелает этого. Христос называет это желание верой. «Если будете иметь веры с горчичное зерно и скажете горе: подвинься и это совершится».[1] Так и о бессмертии, если человек пожелает — уверует, то и совершится. Это область уже совершенно духовная.

Рождение телесное это начало бытия личности человека. Знакомясь с окружающей средой, человек может развивать в себе и духовные разумения. Это приближение к сознанию о вечной жизни. Так я начинаю положительно веровать, если бы я мог-пожелал потрудиться развить в себе разумение о ценности вечной жизни и пожелаю войти в нее, и это совершится. Это сделается как с горой — о которой Христос говорит в притче.

Тело мое зароют в землю, но сознание и желание вечной жизни останется бессмертием. И после этой телесной смерти начнется только настоящая сознательная жизнь. Вторично мы уже не

38. P. V. Verigin to L. N. Tolstoy
15–17 May 1910. Otradnoe.

Canada
P. Verigin
Verigin, Sask.
Canada.

15 May 1910.
Village of 'Otradnoe'

To Lev Nikolaevich
Tolstoy
[from] Peter Verigin.

Ask one of the young people to read this to you.

Esteemed Lev Nikolaevich, even though it's been a long time since I heard from you, I hasten to pen my greetings to you.

You are in need of quiet now, and so the less you have to write the better.

I recently got back from B.C. The garden planting was all finished there before the first of May. Here too in Saskatchewan the sowing is completely done. We are sowing more oats here, as wheat is sometimes killed by the frost. We have sown more than last year.

We are all getting along well, thank the Lord. Lately I have been thinking about the possibility of man's immortality.

Immortality is a definite possibility if man himself desires it. Christ calls this desire *faith*. 'If ye have faith as a grain of mustard seed, ye shall say unto this mountain, Remove hence to yonder place; and it shall remove'.[1] The same with immortality — if someone desires it — if he believes, it will come to pass. It is an area that is entirely spiritual.

Physical birth marks the beginning of the existence of one's personality. In becoming acquainted with his environment, man can develop within himself spiritual understanding as well. This brings him closer to the consciousness of eternal life. So I'm starting to believe absolutely that if I could, if I desired, to make the effort to develop within myself an understanding of the value of eternal life and wanted to enter into it, then that too would come to pass. It would happen just like with the mountain Christ speaks of in his parable.

My body will be buried in the ground, but my consciousness of and desire for eternal life will remain immortal. And it is only after the

будем рождаться телесно, но по силе Духа войдем в бессмертие, и будем только возрождаться, все более и более совершенствуясь. Очень важно человеку достичь выработать здесь сознание о бессмертии и удержать за собой веру в бессмертие, когда человек помирает телесно, это сознание остается не умирающим с телом, а переходит в вечную жизнь. Это будет фактическое воскресение человека — или правильнее сказать: закрепление сознания о вечной жизни.

После телесной смерти и первого возрождения духовного у меня усилится в тысячу раз больше вера в бессмертие, как сейчас у меня об этом имеется только смертное сознание. Так запросто фантазируя, я предполагаю, что начало моей жизни основалось здесь на земле от тела, без моей воли — духовное же сознание я должен выработать сам добровольно. Если пожелаю, войду в бессмертие — в вечную жизнь. А если не пожелаю или оставлю этот вопрос неразработанным, то поживу только телесной жизнью и умру и кроме удобрения земли от меня ничего не останется.

17го мая.

Недалеко от сел мы взяли небольшой подряд сделать насыпь под железную дорогу. И теперь из со всех сел съезжаются люди для общей работы. План составлен такой: посев хлебов все лошади и люди находились дома и управлялись с посевами. Сейчас закончили и выезжают на взятую работу. До 15го Августа предполагается закончить и возвратиться к уборке хлебов по домам. Работа от ближайших сел в 10 и 15 миль. Работы всей предстоит тысяч на 60 долларов. Это мы считаем как домашний заработок, с своими харчами и орудиями.

Я на пути с партией, и взял бумагу, чтобы дописать Вам письмо.

Хотелось еще поговорить о вопросе, который меня глубоко занимает — о бессмертии человека.

Все то, что появилось, не может уничтожаться, а только видоизменяется — как мы наблюдаем. Например, где росла картофель, там роскошно появляется пырей и тому подобное.

Я никак не могу допустить, чтобы я мог исчезнуть бесследно. Иначе я не обладал бы таким широким кругозором мысли. Как говорит справедливо Декарт: «я мыслю и потому убеждаюсь, что я живу». Мысль во мне и подкупает меня веровать, что я могу посредством мысли — величайшего орудия человеческой степени — перейти в бессмертие. Эта же мысль доказывает мне, что дух живет вне времени и пространства. С каким удовольствием я вспоминаю, уважаемый Лев Николаевич, когда встречался с Вами и хотя немного разговаривал. И это воспоминание возрождается во мне очень часто. Воистину можно сказать: «Дух дышит где

the death of this body that genuine conscious life begins. We shall not be born again physically, but by the power of the Spirit we shall enter into immortality, and we shall only be regenerated, perfecting ourselves more and more. It is extremely important for man to work out and attain the consciousness of his immortality here, and maintain his faith in immortality within himself, for when man dies physically, this consciousness will not die along with the body but will go on to eternal life. This will in fact be man's resurrection — or rather, the consolidation of his consciousness of eternal life.

Following my physical death and my first spiritual regeneration my faith in immortality will be strengthened a thousandfold; at the moment I have only a mortal awareness of it. Just running this through my mind, I might say that the basis of my life originated here in the body, without my will, while spiritual consciousness is something I must work out of my own free will. If I desire it, I shall indeed enter into immortality — into eternal life. Whereas if I don't want to work it out or decide to leave this question unresolved, I will live only a physical life and will die and nothing will be left of me but fertilizer for the ground.

17th May.

We have got ourselves a small contract to build an embankment along the railway line not far from the villages. And now people are coming together from all the villages for this communal work. The plan of action is this: during sowing time all the people and horses were home busy with the sowing. Now that is finished and they are out on contract work. We aim to finish this by the 15th of August and return home for the grain harvest. The [contract] work is 10 to 15 miles from the nearest villages. We should get about sixty thousand dollars altogether for the job. We consider this as household income, as we provide our own meals and tools.

I am on the road with the group, and have taken some paper along to write you this letter.

I would like to again bring up a question which deeply concerns me — the question of man's immortality.

Everything that has appeared cannot be destroyed, but only changed in form — to our observation. For example, luxuriant couch--grass is now thriving where potatoes once grew, and so forth.

There is no way I can believe that I can simply disappear without a trace. If so, I would not be endowed with such a broad range of thought. As Descartes rightly says: 'I think, and therefore I am convinced that I exist' [sic]. Thought within me leads me to believe that I can, through thought — the greatest tool on the human plane of existence — go on to immortality. This thought shows me that the spirit lives outside of time and space. What pleasure it gives me, esteemed Lev Nikolaevich, to remember the times I met with you

хочет, откуда приходит и куда уходит, не известно»². В заключение скажу. Все зависит от воли, от желания человека. Отец Небесный дал полную волю сыну своему — человеку, как он желает, так может и поступать, все желания могут исполниться.

Как бы я желал сейчас видеться с Вами и беседовать лично!

Желаю Вам всех благ от Господа. Передайте душевный привет всему семейству и друзьям, любящий Вас

П. Веригин.

---

[1]См.: Евангелие от Матфея, 17:20.
[2]См.: От Иоанна, 3:8.

Из первой страницы последнего письма П. В. Веригина
к Л. Н. Толстому, 15 мая 1910 г.
From the first page of Verigin's last letter to Tolstoy, 15 May 1910

and we could converse at least briefly. And this memory is re-born within me quite often. Truly I can say: 'The Spirit bloweth where it listeth, and whence it cometh, and whither it goeth no man knoweth'.[2] In conclusion let me say: Everything depends on man's will, or desire. Our Heavenly Father has given full [freedom of] will to his son, man; as he desires, so he can act; all desires can be fulfilled.

Oh how I wish I could see you now and talk with you face to face!

I wish you all blessings from the Lord. Give my heartfelt greetings to all your family and friends. Lovingly,

P. Verigin.

---

[1]See St Matthew's Gospel 17:20.

[2]See John 3:8. The Greek word *pneuma* translated 'wind' in the English Authorised Version is rendered *Dukh* [Spirit] in the Russian Bible.

Конверт письма П. В. Веригина от 15 мая 1910 г., заштемпелеванный в г. Йорктоне (в Саскачеване)
Envelope for Verigin's letter of 15.V.1910, postmarked in Yorkton (Sask.), addressed to Tolstoy in Yasenki (Yasnaya Polyana)